GOLDMANN RATGEBER

Buch

Ina Odira Koosaka stellt in diesem Buch eine spezielle, von ihr selbst entwickelte Form der Partnermassage vor. Es geht ihr vor allem darum, das Vertrauen des Lesers bzw. des Übenden in die eigene Fähigkeit und Intuition zu stärken: Jeder ist in der Lage, einen anderen Menschen zu be-greifen. Von ausschlaggebender Bedeutung aber ist die innere und äußere Einstellung, mit der wir an eine Massage herangehen.
Ob man es nun »Setting« oder »Einstimmung« nennt: Durch eine meditative Haltung und ein »Sich-Erweitern« gewinnt eine Massage und der Umgang zwischen Partnern überhaupt an Tiefe und beschert uns zutiefst befriedigende Erlebnisse.
Darin unterscheidet sich diese Massage von üblichen Massageformen, die den Schwerpunkt eher auf die Technik des Massierens legen. Ina Odira Koosaka nennt ihre Art des Massierens »Wa-Massage«. »Wa« ist ein japanischer Wortstamm und bedeutet soviel wie Frieden, Harmonie, und zwar mit sich und dem uns Umgebenden. Im Zentrum dieser Massage steht daher die Liebe und der Mut zu etwas sehr Empfindlichem: der Erotik. Es geht dabei aber nicht um eine sexuelle Stimulierung bestimmter Körperteile, sondern um ein gemeinsames erotisches Empfinden, das nur dann erreicht wird, wenn auch der Massierende zur vollständigen Hingabe bereit ist.

Autorin

Ina Odira Koosaka, geboren 1942 in Berlin, hat Slawistik, Linguistik und Kommunikationswissenschaften studiert. Nach ihrem Diplom hat sie freiberuflich als Übersetzerin gearbeitet, nebenbei ein Studium in den Bildenden Künsten absolviert und die Prüfung zur Ausbilderin für Keramisches Arbeiten abgelegt. 1976 ging sie nach ihrer Heirat für acht Jahre nach Japan. Dort wurde sie mit östlicher Denkart vertraut und erlernte die Shiatsu-Massage und Yoga. Sie betreibt heute in München eine eigene Praxis für intuitive Massage, bietet außerdem Seminare zur Partnermassage an und hat sich zur Rebirtherin ausbilden lassen. Diese Atemmassage kombiniert sie mit der Pattern-removal-Methode nach Gerta Butler.

Ina Odira Koosaka

Sanfte Massagen zu zweit

GOLDMANN VERLAG

Originalausgabe

Fotos: Oskar Küfner/Alexander Eutemeier

Layout: Gisela Ernst

Zeichnungen: Steffi Rung

Die Zeichnungen auf den Seiten 46, 49, 93 und 96 sind entnommen aus: Michio Kushi's DO-IN-BUCH. Südergellersen 6. Aufl. 1987. (Mit freundlicher Genehmigung des Bruno Martin Verlags.)
Die Zeichnung auf den Seiten 140 und 141 sind entnommen aus: Gaston Saint-Pierre und Debbie Boater: Die Metamorphische Methode. Grundlagen und Anwendung. Berlin 1983. (Mit freundlicher Genehmigung der Plejaden Verlagsgesellschaft.)
Die Zeichnung auf den Seiten 134 und 135 sind entnommen aus: George Downing: Partnermassage. München 11. Auflage 1989. (Mit freundlicher Genehmigung des Mosaik Verlags.)

Der Goldmann Verlag ist ein Unternehmen der
Verlagsgruppe Bertelsmann

Made in Germany 8/90 · 1. Auflage

Umschlaggestaltung: Design Team München
Umschlagfoto: Gordon/The Image Bank
Satz: Filmsatz Schröter GmbH, München
Druck: Presse-Druck, Augsburg
Verlagsnummer: 10473
Redaktion: Christel Braun
Lektorat: Johannes Jacob
Herstellung: Gisela Ernst
ISBN 3-442-10473-4

Inhalt

Für meine Klienten, die sich mit unglaublichem Vertrauen unter meine Hände begeben und mir dadurch ermöglichen, zu lernen und zu wachsen.
Und für diejenigen meiner Freunde, die dieses Jahr des Lebens und Schreibens mit mir in Freundschaft und Liebe, in Hilfe und Geduld geteilt haben.

Massage, ein wirksames Streicheln hin zu mehr Verständnis, für sich und andere

Streicheln mögen alle Wesen, auch Tiere und sogar Blumen. Wie wunderschön kraftspendend und heilend, gar transformierend ist es, durch die Wahrnehmung anderer Hände uns selbst feiner und allumfassender zu erfahren! Ein solches Begreifen geschieht immer auf mehreren Ebenen.

Zuerst fällt, wenn wir berührt werden, wenn wir uns berühren lassen, Anspannung ab. Streß ist uns Menschen fast schon zur zweiten Natur geworden. Wir können uns entspannen, den Streß loslassen. Wir kommen ins Gleichgewicht, finden wieder Kraft für unsere Aufgaben und zum Spielen.

Schließlich, mit mehr Erfahrung, lernen wir, aufmerksamer zu sein und präziser zu empfinden. Wir werden wacher für Arbeit und unser Befinden für unsere Organe, für den Fluß der Energien. Wir werden sensibler für das Geschehen in unserem Inneren, das auf vielfältige, oft unbewußte Weise unser Leben bestimmt.

Indem wir hinhorchen, lernen wir, dem Geheimnis der Stille nachzuspüren. Wenn wir Lust bekommen, auch selbst zu massieren, werden wir entdecken, daß Geben eine ungeheure Freude bereitet. Denn wir werden verstehen, daß das Geschenk des Gebens zu uns zurückkommt. Wir werden dann ein Wohlbehagen spüren, welches uns auch sonst ein schönes Geschenk an andere eben bereitet. Sei es, daß wir die Dankbarkeit des Beschenkten empfangen, sei es, daß sich unser eigener Körper dort lockert, wo wir den anderen berühren, solche Erfahrungen der Selbstentdeckung können tiefreichend sein und den Weg zu echter Selbstentfaltung und zu geistigem Wachstum freimachen. Sogar die Gesundheit wird zunehmen, so daß auch Arztbesuche seltener werden. Das Massieren, das ein sich und den anderen Begreifen ist, wird auch das Interesse wecken für angrenzende Gebiete der Lebens- und Seelenhygiene wie Ernährung samt Stoffwechsel und Anatomie, Bewegung, Psychologie bis hin zur Meditation,

welche uns einen unzerstörbaren inneren Frieden schenkt. Schließlich macht Massage ganz einfach nur Spaß. Sie ist die Königin der hohen Kunst des Berührens und Berührtwerdens. Jeder kann sich genau das aussuchen und sich auf das konzentrieren, was für ihn gerade stimmt.

Wir haben heute mehr freie Zeit als die Menschen früherer Epochen. Benutzen wir unsere Zeit nicht dazu, unsere Kräfte sinnlos zu zerstören. Tun wir doch etwas, das schön ist, das uns selbst in Harmonie und mit unseren Mitmenschen wieder in Verbindung bringt und das außerdem auch noch unser Gesundsein fördert.

Es wird in diesem Buch zuerst auf das Drumherum einer Massage eingegangen, vor allem auf das, was auf den ersten Blick nicht zu sehen ist. Doch die eigene Stimmung sowie eine gute Vorbereitung entscheiden über eine Massagesitzung.

Das Buch ist vorwiegend für Anfänger gedacht, bietet jedoch in seinen späteren Kapiteln viel Gründliches auch für Leser, die sich schon mit diesen Dingen beschäftigt haben.

Für Massageneulinge wird eine völlige Ganzkörpermassage mit den einfachsten Griffen beschrieben. Für alle vorkommenden Spezialwörter gibt es am Schluß des Buches sehr interessante und ausführliche Definitionen. Die Ausführungen im Mittelteil zur Erotik, die tantrischen Betrachtungen und Herzmassagen samt vielen Übungen dürften nicht nur für Anfänger lesens- und beherzigenswert sein. Sie sind vor allem sehr zart und kommen der neuen alten Sehnsucht nach Innigkeit entgegen. Es folgt im späteren Teil eine Sammlung der heute gängigsten Massagen, die man aber in herkömmlichen Massageschulen noch nicht lernen kann. Danach kommen einige Klienten zu Wort, um zu vermitteln, wie es ihnen beim Massiertwerden ergangen ist.

Womit eine Massage steht und fällt

Man fragte mich, ob ich ein Buch über einen Teil meiner Arbeit schreiben wolle, über die Massage. Zu meinem eigenen Erstaunen hörte ich ein spontanes »Ja« aus meinem Munde kommen, ehe ich auch nur nachgedacht hatte. Als die Ängste vor dieser neuen Arbeit, dem Schreiben, in dem ich gänzlich ungeübt bin, in mir aufstiegen, war es schon zu spät. Es folgten anderthalb Jahre der Produktion, in denen ich immer wieder vor neue Probleme gestellt war. Beim Durchsehen des Manuskripts nun merkte ich, daß dieses Buch über Massage eigentlich eines über Meditation geworden ist. Warum?

Den Erfolg meiner Arbeit bestimmt die innere Einstellung, mit der ich an diese Aufgabe herangehe, meine Gedanken, Empfindungen, Erfahrungen, Hoffnungen, wobei mir manche meiner Regungen gar nicht ganz bewußt sein mögen. Wenn etwas gerade entsteht, geboren wird, geht es zuerst einmal um den Inhalt, der dann später die Form bestimmen wird. Wenn ich freudig, mit Liebe und mit dem Gefühl des Schenkenwollens darangehe, eine Massage zu lernen, wird das auf den so Beschenkten einen harmonisierenden Einfluß ausüben, der wiederum auf mich zurückwirkt. Das geht bei entsprechender Intensität dieser Motivation bis hin zur Heilung von Seelischem und Körperlichem. Ebenso wird dieser Einfluß negativ oder zumindest nicht so wohltuend sein, wenn ich mit Unlust massiere oder nebenbei an andere, womöglich ärgerliche Dinge denke. Ebenso wird die Befriedigung für beide ausbleiben, wenn ich diese Tätigkeit nur deshalb auf mich nehme, weil ich dann nur meinerseits eine Massage bekommen möchte.

Wie komme ich nun zu der nötigen Konzentration, die meine Gedanken nicht von dem vor mir hingebungsvoll Daliegenden, lieben Menschen abschweifen läßt? Wie schaffe ich das, diese eine volle Stunde oder gar anderthalb Stunden, die eine Ganzkörpermassage eben dauert, dabeizubleiben? Wie schaffe ich es, in Verbindung mit dem Massierten, in Gespür mit all dem, was da inzwischen so in ihm vorgehen mag, zu bleiben?

Dieses innere Bereitsein erreiche ich durch meditatives Üben. Es gibt dabei außer steter

Übung, die solche Konzentration mit der Zeit fast von selbst, spielerisch, eintreten läßt, auch einige ganz formelle Hinweise, die alles erleichtern. Es ist gut, sie zu wissen.

Von diesen weniger sichtbaren, aber nicht weniger wichtigen Voraussetzungen für eine erfolgreiche Massage soll auf den nächsten Seiten wie auch im Fortgang des Buches immer wieder, besonders aber in den Kapiteln »Herzmassage« und »Erotische Massage« die Rede sein. Außerdem werde ich noch einiges über die unerläßlichen äußeren Vorbereitungen sagen.

Und wer Konkretes, Handfestes zu sehen wünscht, wird bei den Griffen und Strichen der großen Massage sowie bei den zahlreichen Tips und Übungen auf seine Kosten kommen.

So bleibt mir denn nur noch übrig, euch bei dieser Reise über die sichtbaren und unsichtbaren Kontinente eurer Körper viel Glück und Phantasie zu wünschen.

Das Setting – die äußere Vorbereitung

Nehmt euch genug Zeit für die Vorbereitung einer Massage, und der Effekt wird nicht auf sich warten lassen. Die Atmosphäre in einem Raum beeinflußt euch genauso wie euer Zustand. Es ist sicher nicht übertrieben zu sagen, daß das Voraus darüber entscheidet, wie tief ihr dann später gehen könnt. Schlagt also nicht sofort das Massagekapitel auf in der Meinung, gleich zur Hauptsache zu kommen. Vorbereitungen gehören mindestens zur Hälfte zur Hauptsache dazu und werden euch inspirieren, genau »euer« Setting zu finden. Übrigens entspricht das sogenannte Spontansein, das heute so geschätzt wird, einer langen Übung im Improvisieren und einem gründlichen Studium der jeweiligen Sache.

Platz, Zeit und Atmosphäre

Die meisten Menschen haben wohl keinen besonderen Raum, in dem nur meditiert oder geschlafen wird. Ideal wäre es, wenn der Massageplatz weitgehend leer wäre. Alles schwingt in einer bestimmten Energie. Alles ist eine bestimmte Energie. Je mehr Dinge sich also in einem Raum befinden, desto vielfältiger sind die verschiedenen Schwingungen, desto größer auch die Möglichkeiten der Ablenkung. Je mehr ihr euch auf euer Tun konzentrieren könnt, desto größer wird der Spaß sein, desto tiefer kann euer Eingreifen in den Körper des anderen gehen.

Schafft im Zimmer soviel Platz, daß um denjenigen, der massiert wird, reichlich Raum ist. So braucht ihr später nicht zu unterbrechen oder über Beine und Arme zu stolpern, die gerade schön entspannt sind. Steigt auch niemals über jemanden hinweg, denn das bewirkt unruhige Energiewirbel und damit ein ungutes Gefühl für den anderen. Die Grundlage unseres Tuns bilden Matratze, Steppdecke oder ein weicher Teppich als Unterlage. Außerdem benötigen wir noch ein schönes großes Laken.

Vergeßt nicht, etwas zum Zudekken bereitzulegen, das nicht kratzt. Unser Klima erlaubt leider nur selten, richtig nackt zu liegen. Toll wäre eine Heizsonne, sogar zu der hiesigen Sommerzeit. Massagetische erleichtern das Arbeiten physisch sehr und mögen aus diesem Grund, besonders für öftere Massagen oder in der beruflichen Praxis, außerordentlich nützlich sein. Ich habe Massage während eines siebenjährigen Aufenthalts in Japan gelernt und neige zur östlichen Tradition, arbeite deshalb also lieber am Boden. Die Beziehung zwischen Gebendem und Massiertem wird, wenn man auf dem Massagetisch massiert, leicht geschäftsmäßig. Die Massage wirkt dann möglicherweise nicht mehr in der gewünschten Weise. Aber das ist meine persönliche Ansicht. Ich selbst habe allerdings auch schon wunderbare Massagen auf dem Tisch bekommen. Die Anschaffung eines Massagetisches bedeutet außerdem auch eine beträchtliche Ausgabe. Für manche Arten von Massage ist ein Tisch jedoch unerläßlich, so z. B. besonders beim Tragering, einer Esalen-Schüttelmassage, bei der ich vor Entspannungsvergnügen beinahe vom Tisch gefallen wäre.

Habt ihr die Chance und Mittel zu wählen, so gestaltet eure Umgebung in hellen Pastelltönen. Sie halten die Energien nicht so fest wie eine dunkle Umgebung. Nehmt möglichst natürliche Materialien, um elektrische Aufladungen zu vermeiden.

Zur abendlichen Dämmerung massieren ist für beide, den Gebenden und den Empfangenden, traumhaft. Es herrscht dann auf geheimnisvoll passive Weise eine aktive Energie, die das, was unter euren Händen geschieht, tief ins Innere gelangen läßt.

Oder habt ihr einander schon einmal spät in der Nacht, wenn alles schläft und das Hasten draußen vorbei ist, begriffen? In einer solchen Situation könnt ihr euch entspannen, euch entdekken, kann man zu sich und zum anderen finden, kann man Lust spüren, nach innen gehen, sich beruhigen.

Braucht ihr jedoch Aufmunterung, Kraft und Mut, gebt euch eine Massage in der Morgensonne. Eine Garten- oder Parkecke ist wunderbar, wenn der Platz geschützt ist, so daß sich die Seele ungestört ausbreiten kann. Ein Raum jedoch wird immer intimer sein. Musik unterstützt euch besonders zu Anfang, wo fehlende Übung die nötige Sammlung stören mag. Später werdet ihr dann ein vollkommenes Schweigen zu schätzen wissen. Wichtig ist, daß ihr den

Zweck der Massage begreift, euren momentanen Zustand und die äußeren Umstände. Habt möglichst unterschiedliche Musikkassetten zur Hand, denn bei einer wirklichen Massage weiß man nie, was geschieht. Ebenso sollten ein gutes Massageöl und weiches Papier für eventuelle Gefühlsausbrüche, die manchmal durch das Massieren provoziert werden, bereitliegen. Am Ende dieses Kapitels werde ich eine Liste von Kassetten angeben, die sich bei meinen Sessions, meinen Massagebehandlungen, bewährt haben.

Vielleicht habt ihr die Idee gehabt, mit Massage zu beginnen, um eure Liebe zu vertiefen, liebreicher miteinander umzugehen. Doch mit zunehmender Erfahrung wird die Massage euch immer tiefer führen, bis hin zu vollkommen neuen Daseinszuständen, die euch geschenkt werden. Manchmal wird dies »tiefer« auch unvermutete Wege nehmen, denn eingepanzerte Wut und verschluckter Schmerz können aufbrechen.

Etwas ganz Besonderes ist es, wenn Mutter und Kind sich massieren. Wie überrascht war ich von der inneren Kraft meines vierjährigen Sohnes, als er mir die Füße mit Öl ausstrich! Freundinnen und Freunde können sich besser verstehen und »handhaben« lernen. Auch wäre es eine tolle Sache, den Generationsspektakel einmal auf andere Weise auszutragen. Statt zu streiten, packt der Sohn den Vater, »der's immer so im Kreuz hat«, mal beim Rücken und massiert ihn. Oder die Kinder nehmen die Gelegenheit beim Schopf, der Mutter eine gründliche Kopfmassage zu geben.

Öle

Angenehme Düfte geben uns ein Wohlgefühl. Achtet auf gute, natürliche Öle, die je nach Zweck mit ätherischen Ölen extra angereichert werden können. Nehmt nichts Mineralisches aus dem Kaufhausregal, denn hier darf einfach nicht gespart werden. Nach neueren Untersuchungen saugt Mineral aus der Haut lebenswichtige Vitamine heraus. Am besten, und außerdem für alle Gelegenheiten passend, scheint mir das Weledaöl mit Arnika zu sein. Es riecht angenehm aromatisch. Es ist in seiner grünen Flasche auch gut vor Licht geschützt. Haltet am besten am Massageplatz die kleine Flasche mit 50 ml, von der der Tropfer und das Etikett entfernt sind, bereit. Sie paßt gut in die Hand und kann aus der großen Flasche (200 ml kosten zur Zeit ungefähr

DM 14,–) nachgefüllt werden. Das ist praktisch und schön, und Schönheit fördert das Entspannen. Vielleicht findet ihr irgendwo eine schöne, antike Phiole aus dickem, dunklem Glas für diesen Zweck? Ihr könnt euer Öl auch selbst mischen, nämlich mit ätherischen Ölen, die völlig verschiedene Wirkungen haben. Grundöle sind Mandel-, Jojoba-, Weizenkeim- oder Pfirsichkernöl. Sie alle sind vitaminreich, dringen in die Haut ein und glätten sie.

Ätherische Öle wirken grazil. Sie sind aus Blüten, Blättern, Bäumen, Kräutern, Büschen, Wurzeln und Fruchtschalen destillierte, herrlich duftende und heilende Essenzen. Diese aromatischen Wirkstoffe sind hochkonzentriert. Es genügen wenige Tropfen, ca. 20 auf 50 ml Grundöl. Jojobaöl ist das Schönheitsmittel schlechthin. Es ist jedoch verhältnismäßig teuer (zur Zeit um 17,– DM für 125 ml). Man kann jedoch zwischen 5 und 10 ml Jojobaöl zusätzlich auf 50 ml billigeres Grundöl geben. Das preiswerteste ist das Mandelöl mit derzeit 6,– DM. Sein Nachteil besteht darin, daß es ungefähr nach einem Jahr ranzig wird. Ranzige Öle aber nehmen dem Körper viele Vitamine. Das gilt sowohl für die innere als auch für die äußere Anwendung. Außerdem stört der unangenehme Geruch ranzigen Öls bei der Massage.

Es gibt unzählige ätherische Wirkstoffe, manche sind geeigneter für medizinische Zwecke, manche werden mehr für kosmetische Belange hergenommen, viele für beides.* Außerdem führen heute bereits alle Bioläden Öle, sogar Apotheken. Die Essenzen kann man natürlich auch ins Badewasser geben. Gewöhnlich reichen 10 Tropfen auf eine Wanne, am besten bei laufendem Wasser hineinträufeln, so verteilt sich das Öl besser. Nehmt aber nicht mehr als höchstens 20 Tropfen, probiert vorsichtig aus. Zuviel ätherisches Öl nämlich kann unangenehme und lang andauernde Hautentzündungen an empfindlichen Stellen bewirken.

Ich habe viele ätherische Öle probiert und empfehle fürs erste einige wenige, die für den alltäglichen Bedarf ausreichen. Ich nehme als Grundöl generell Arnikaöl. Es pflegt die Haut wun-

* Wer sich in Öle verliebt hat, kann sich Informationsmaterial bestellen bei:
Ch. Rump, 7601 Durbach, Postfach 1107
R. Schmidt, 7818 Burkheim, Sigolsteinerstr. 16
Urania GmbH, 8029 Sauerlach, Rudolph-Diesel-Ring 26
Es gibt eine große Auswahl an speziellen Räucherstoffen, Parfüms, Ölen und Aphrodisiaka.

derbar. Folgende Substanzen haben sich in den jeweiligen Situationen als nützliche Zugaben erwiesen:

Basilikum
bei geistiger Erschöpfung
Geranie
wirkt beruhigend auf Haut und Nerven, anstelle von teurem Rosenöl
Majoran
krampflösend, hilft bei Trauer
Lavendel
beruhigend und angenehm duftend, auch bei schwachen Nerven vorm Einschlafen aufs Kopfkissen träufeln
Orange
macht mutig und selbstbewußt, wirkt bei Angstzuständen und Depressionen, entspannt und desodoriert außerdem
Ylang-Ylang und Limette
erotisieren
Rose
öffnet das Herz und macht liebend
Muskateller-Salbei
macht hingebend, euphorisiert, weitet den geistigen Horizont
Zeder
schützt vor unangenehmen und schädlichen Energien

Gebt vor der eigentlichen Massage etwas von einem dieser ätherischen Öle auf die Nasenspitze, vielleicht auch auf Stirn, Kehle und Herz. Das Einatmen des Duftes entstreßt herrlich und wandelt Verdrießlichkeit in Lebensfreude. Bitte mischt diese Stoffe immer mit einem Tropfen Grundöl, sonst kann es arg brennen! Orangenöl, entlang der gesamten Wirbelsäule aufgetragen, gibt haltlosen Menschen Rückenstärkung. Wacholderöl schmälert die Pölsterchen an Hüften und Oberschenkeln. Majoran und Lavendel tun jedem Bauch wohl.
Wer zu den Morgenmuffeln gehört, nimmt durch ein Rosmarin- oder Wacholderbad Haltung an. Es klärt die Nerven und muntert auf. Für das Abendbad ist Lavendel unübertroffen. Der »letzte Schrei« ist Tomillo blanco, eine Thymianart, die im spanischen Bergland wächst. Sein wundersam betörender Duft erinnert überhaupt nicht an desinfizierenden Suppenthymian. Dieser Thymian eignet sich innen und außen einfach für alles. Forschungen über seine Wirkung sind noch kaum getan. Er ist ein altes Volksheilmittel.*

* Leider kann man ihn derzeit nur in größeren Mengen über Barbara Brinkmann, Apartado de Corres 51, Cazorla, Provinz Jaen, España, beziehen. Bitte habt Geduld bei der Bestellung, denn dies Gedüft wird in großer Einsamkeit völlig biologisch hergestellt.

Nun seien noch zwei Geheimtips gegeben. Salbei kann man auch in einer Messingschale verbrennen. Der Rauch ist angenehm duftend, macht reine Luft in jeder Hinsicht und tut dem Atem gut. Eine feine Sache ist auch eine Duftlampe. Es gibt welche für Teelichter und elektrische. Ich ziehe bei weitem die lichternen vor. In eine Schale kommt Wasser mit einigen Tropfen Essenz, darunter wird die Kerze angezündet – und bald erduftet die ganze Wohnung. Das unterstützt jede Massage, vertreibt aber auch üble Essensgerüche, trübe Laune und zieht nette Menschen an. Solche Lampen aus Keramik gibt es in märchenhaften Formen in den meisten Bioläden. Achtet darauf, daß die Schale oben recht groß ist, sonst müßt ihr ständig auf das Auffüllen achten.

Zur Warnung sei gesagt, daß es auch künstliche ätherische Öle gibt. Sie haben meiner Meinung nach keine oder jedenfalls keine gute Wirkung, denn sie entbehren der heilenden Energie, die in den Pflanzen, die Licht, Luft, Erde und Wasser ausgesetzt waren, enthalten ist.

Es ist praktisch, alle Utensilien auf einem schönen Tablett beieinanderzuhaben, zusammen mit einer Kerze, einer Blume, einem schönen Stein ... Ein Tablett schützt den Teppich auch vor Ölflecken, ist leicht hervorgeholt und wieder weggeräumt.

Eine angenehme Dusche für beide spült den ärgsten Streß erst einmal hinweg. Sie macht die Haut wesentlich aufnahmefähiger für kostbares Öl und liebende Hände. Massierende Zigarettenrauchhände auf dem Gesicht sind eine Tortur, nicht nur des Geruchs wegen, Nikotin brennt auf der Haut.

Musik

Außerdem solltet ihr sorgsam die Musik für eure Massage auswählen. Legt Wert auf ruhige Musik, denn die Muskeln sollen sich ja entspannen. Musik wirkt nicht nur auf den Körper, sondern vor allem auf die Seele. Musik hilft, die Spannungen, die durch lange, anstrengende Arbeitstage, die durch Konflikte in der Familie und in Beziehungen entstanden sind, abklingen zu lassen. Schafft eine weiche Atmosphäre, in der sich der Körper für heilende Hände öffnen kann. Dic meiste Meditationsmusik ist geeignet. Die hohen, einschmeichelnden Töne von Flöten und Klavier haben eine besonders günstige Wirkung.

Ich empfehle folgende sehr gute Meditationsmusik:

Joachim Ernst Behrendt: Urtöne
Klaus Wiese: Tibetische Klangschalen
Christian Bühner: Sensitive Motion
Sweat People: A wonderful Day
Lau Laursen: Sequences from a Voyage
Sattva Art Music: Inkarnation
Aeoliah: Majesty

Natürlich sind eure eigenen Lieblingsstücke besonders zur Entspannung geeignet.

Inneres Einstimmen

Ihr habt nun alles vorbereitet, eine günstige und ruhige Stunde bestimmt, den Platz freigeräumt und schön hergerichtet, die Utensilien herbeigeholt und euch geduscht. Wer ein übriges tun möchte, kann sich zusätzlich noch tüchtig mit Seife abbürsten. Das macht die durch Schweiß und Schmutz verstopften Poren wieder frei und trägt die toten Hautzellen ab. Auch das Putzen der Zähne, das Waschen der Haare und des Gesichts sollte nicht vergessen werden. Solch eine Prozedur ist für sich genommen schon eine Wohltat und wird euch buchstäblich erleichtern. Ihr könnt zusammen duschen und euch beim Einseifen und Abduschen gegenseitig helfen. Wenn ihr dabei wenig redet, spürt ihr möglicherweise mehr und anders als sonst. Nach meiner Erfahrung mögen vor allem Männer diese Pflege. Allein das Duschen hat hin und wieder eine schlichte, therapeutische Wirkung. Denn ihr findet euch hektisch schnaubend, befreit, lachend oder auch in Tränen aufgelöst in den Armen des anderen wieder. Ihr solltet euch am Schluß nicht kalt abduschen. Zieht euch nun etwas Luftiges, Leichtes, vor allem nichts Synthetisches an.

Falls ihr nicht schon im Wasser ausgiebig geprustet und vor Vergnügen viel geatmet habt, ist es angebracht, einige Atemübungen anzuschließen. Natürlich könnt ihr auch schon vor dem Duschen einen Spaziergang machen. Das bringt Sauerstoff ins Blut, unterstützt den Abbau von Schlacken und läßt die Berühr- und Massierlust noch wachsen. Für eine Atemübung im Zimmer empfiehlt es sich, am offenen Fenster je vier leichte, kurze Atemzüge auf einen laaaangen und tiefen Atemzug folgen zu lassen. Haltet Arme und Schultergürtel ruhig und locker, und konzentriert euch dann auf das Atmen und das Heben der Brust. Das Aus- und Einatmen erfolgt durch die Nase, spürt selbst, ob schneller oder langsamer. Ihr könnt diesen Vorgang stundenlang ausdehnen oder in fünfzehn Minuten damit fertig sein. Ihr könnt alles gemeinsam tun

oder im Versatz: einer duscht, der andere kümmert sich um das Setting. Das Atmen solltet ihr nie auslassen, und wenn es nur zu fünf Atemzügen reicht. Der die Massage Gebende schöpft damit Kraft für seine Arbeit, der Nehmende wird aufnahmefähig für diese Kraft. Beide machen sich bereit, Liebe zu geben und sie gleichzeitig vom anderen zu bekommen.
Jetzt also ist der große Augenblick des Beginns einer Massage gekommen. Und dieser erste Augenblick heißt... Stille. Selbst bei einer beruflichen Massage wird eine gute, massagegebende Person wenigstens kurz innehalten, bevor sie richtig darangeht. Ihr, die ihr euch nahe sein werdet, sei es als Freunde des gleichen oder verschiedenen Geschlechts, als Helfer bei Krankheit, als Eltern zu Kindern und umgekehrt oder als Kinder untereinander, sei es besonders als Liebende – haltet ein wenig ein. Laßt das gewöhnliche Chaos, das Geschwätz der Gedanken leiser werden.
Am besten setzt ihr euch auf die Unterlage, auf der massiert werden soll. Da ist es weich, ihr kreiert so schon die entsprechende Energie für alles Spätere. Setzt euch einander gegenüber im Abstand von etwa einem Meter, kniend oder im Schneidersitz, bequem genug, daß ihr es mindestens zehn Minuten, besser eine halbe Stunde aushaltet.

Die Übung des Sich-Erweiterns

Die sich dem Gegenübersitzen anschließende Übung ist eine sehr starke Übung. Ich nenne sie das *Sich-Erweitern*. Eigentlich läßt sie sich nicht beschreiben, sie läßt sich nur tun. Ich werde sie so genau wie möglich angeben, und ihr werdet damit experimentieren und euch immer mehr an ihr Wesen herantasten. Gewinn werdet ihr indessen schon beim ersten Mal daraus ziehen, denn ihr werdet etwas spüren, doch vielleicht vergeblich zu begreifen versuchen, was vorgeht. Wenn ihr bequem sitzt, dann legt die Hände auf eure Schenkel, oder laßt sie lose im Schoß ruhen. Schaut, daß eure Wirbelsäule leidlich gerade ist. Dieser Punkt bereitet Anfängern gewöhnlich einige Beschwerden. Laßt aber das Bequeme auf jeden Fall vor der Disziplin rangieren. Verkrampft eure Muskeln nicht, weil ihr eine bestimmte Haltung einnehmen sollt. Später wird euch das von allein leichter fallen. Schaut euch jeder langsam im Zimmer um, auch hinter euch. Das ist besonders nützlich für wahrhaftes Entspannen und Genießen. Wir verstecken häufig innerlich nach hinten, was wir nicht gern ansehen wollen. Dieses äußerliche Hintersichschauen ist eine alte chinesische Geste und Zen-Regel. Sprecht nicht mehr von diesem Schauen an, seid darin vollkommen diszipliniert. Ihr werdet Dinge entdecken, die euch bislang verborgen waren. Übrigens gibt bei dieser Übung eine Kerze zu wenig Licht. Mittleres, blendfreies Licht oder mehrere Kerzen wären gut. Ihr könnt euch vor dem Umschauen mit einer Verneigung und/oder einigen wenigen Worten vom Ton verabschieden. Der Rest wird in absolutem Schweigen vonstatten gehen.

Kommt dann zurück zueinander und schaut euch in die Augen. Starrt dabei den anderen nicht an, sondern laßt den Blick nur unscharf werden, so daß ihr nicht jeden Leberfleck und Pikkel des anderen konstatiert. Nehmt das ganze Gesicht und auch den Raum aus den Augenwinkeln wahr. Bleibt so. Ihr könnt die Lider ganz normal bewegen. Am Anfang wird euch das Gesamtsehen nicht gelingen. Später bleibt ihr aber in diesem Gesamtsehen und kommt sofort in einen sehr meditativen, ruhigen Zustand. Der Trick bei dieser Sache ist, sich des Raumes samt des anderen und eurer selbst gleichzeitig bewußt zu sein. Das braucht Übung, es lohnt sich jedoch. Es hat sich bewährt, bei diesem Anschauen sich in der Gegend zwischen drittem Auge und rechtem Augenwinkel des Gegenübers »festzusehen«. Auf diese Weise stimmt ihr euch aufeinander ein, immer besser und besser. Sitzt einfach da. Strengt euch nicht an, wollt nichts Besonderes. Habt ihr den anderen überhaupt schon einmal richtig wahrgenommen? Es kann geschehen, daß euch schwindlig wird, daß ihr müde werdet oder daß ihr plötzlich merkt, wie verspannt beispielsweise euer Nacken ist. Mein neunjähriger Sohn befreite sich bei dieser Übung von seinen gegen mich unterdrückten, angestauten Aggressionen durch Kichern und Lachen. Ich selbst muß ganz oft gähnen und aufstoßen und werde auf diese Weise Energien los, die nicht zu mir gehören und die ich unbewußt aufgenommen habe. Nehmt das alles zur Kenntnis, ohne besondere Gedanken darauf zu verschwenden, und schaut weiter. Es kann sein, daß euch schwarz vor Augen wird oder silbern, daß der andere plötzlich verschwindet oder seltsame Züge zeigt, ein fremdes Gesicht euch für einen Augenblick entgegenschaut. Oder daß der andere zu leuchten beginnt, oder daß ihr euren Herzschlag in euren Augen spürt, daß ihr ein Blitzen seht und Feuer, ein Strahlen wahrnehmt, Licht, oder daß ihr Töne hört. Es kann sein, daß ihr euch auch richtig gut fühlt. Macht weiter. Euch selbst werden die entsprechenden Erklärungen dazu kommen. Ihr werdet jeweils genau wissen, was passiert, wenn nicht gleich, so später. Macht weiter. Ihr werdet euch einander näher als je zuvor fühlen, vor allem gelöster. Probleme zwischen euch gewinnen eine andere Dimension, in der sie tatsächlich sogar gelöst werden können oder sich auflösen. Diese Übung ist so einfach und wirksam, sie berührt Tiefen unseres Seins. Ein solches Geschehen kann nicht in Worten ausgedrückt werden, ohne das Eigentliche dabei zu verlieren. Dieses Sich-Erweitern könnt ihr überall hintragen, in den Alltag, in schwierige Verhandlungen und durch Menschenansammlungen hindurch. Es kann euer ganzes Leben verändern, wenn es euch gelingt, der Welt stets und ständig in dieser Haltung gegenüberzutreten, ohne Unterbrechung.

Ihr schaut euch also auf diese Weise an und wartet einen guten Punkt ab, mit dem Schauen aufzuhören. Aufzuhören mit dem Schauen, nicht jedoch mit dieser inneren Haltung, gleichzeitig sich selbst und den anderen sowie die Umgebung zu spüren. Wie weit ihr die Grenzen dieser Umgebung zieht, ist eure Entscheidung. Ich empfehle für unseren Zweck, sich des Zimmers bewußt zu sein, wenngleich bei intensivem Training die Grenzen oft und mühelos auf das ganze Universum ausgedehnt und damit gänzlich aufgehoben werden.

Habt ihr einen guten Punkt bei jenem Schauen erreicht, dann vergewissert euch durch ein paar leise Worte, ob es beim Partner auch so ist. Wenn nicht, macht ihr noch einige Minuten weiter, bis der andere soweit ist.

In der innigen und gelösten Stimmung, die ihr erreicht haben werdet, soll die gesamte Massage stattfinden. Je mehr ihr diese Art innerer Aufmerksamkeit halten könnt, wenig Übung genügt da kaum, desto gelungener wird die Massage werden.

Es kann sein, daß während der Übung des Sich-Erweiterns auch bei euch unangenehme Gefühle auftauchen wie Trauer, Müdigkeit, ungelöste Aggressionen gegen den anderen usw. Nehmt diese Gefühle spannungslos wahr, konstatiert sie lediglich.

Beschließt, Dinge, die zwischen euch kommuniziert werden müssen, nach der Massage zu besprechen. Dann befindet ihr euch nämlich in einem für Kommunikation günstigeren Rahmen. Wenn Erörterungen jedoch zwischen euch unumgänglich geworden sein sollten, gibt es dafür in den folgenden Kapiteln recht gut funktionierende Ratschläge, die übrigens alle auf diese Übung des Sich-Erweiterns aufgebaut sind. Falls der Streit also noch nicht so weit gegangen ist, daß ihr euch gar nicht mehr berühren mögt, gebt euch einfach eine Massage. Redet im Anschluß daran oder am nächsten Tag. Ihr werdet staunen. Wenn ihr merkt, daß ihr aus der Allaufmerksamkeit herausfallt, mit den Gedanken woanders seid, flucht nicht, und fühlt euch auch nicht schuldig!
Kommt einfach mit einem leichten, nicht laut, sondern nur innen ausgesprochenen »Ach ja« oder »Verzeih«, euch selbst und dem anderen gegenüber, zurück ins Zimmer, zu euch.

Selten herrschen bei uns exotische Temperaturen, so werdet ihr es gewöhnlich auf die Dauer etwas kühl finden, zumal bei guter Massage oft Verstecktes, Angespanntes gelockert wird. Alte, unbewußte Gefühle kommen an die Oberfläche. Oft braucht es sich nicht um ein herzzerreißendes Schluchzen zu handeln. Meistens äußern sich solche verdrängten Gefühle erst einmal durch ein Frösteln, das sich manchmal steigern kann bis zum Zähneklappern. Das vertreibt zwar nicht die innere Kälte, gibt aber die für solche Ergüsse und Aufbrüche nötige Geborgenheit. Laßt das dasein, was da kommen will, unterstützt den anderen, ermutigt ihn und habt ihn lieb.
Die Teile, die gerade nicht massiert werden, sollten generell zugedeckt werden. Der Massierende dagegen schwitzt schnell und mag gut nackt oder nur leicht und vor allem bequem bekleidet sein.
Da es in diesem Buch vorwiegend um das Berühren zwischen Liebenden geht, noch ein Wort zum Nacktsein: Ihr spürt euch sowieso, denn Energie geht durch Wände. Und Liebe, in jeder Form, ist ein Energiespiel, genauer ein Energiehochhaltespiel. Sie ist durch Mauern und über Kilometer hinweg zu spüren. Außerdem fließt sie beim Massieren ungemein intensiv durch die Hände des Gebenden und in den Körper des Liegenden.
Wer immer eine Massage, eine Berührung bekommt, empfängt ein außerordentliches Ge-

schenk, sei es ein liebes zartes Streicheln oder ein schmerzhaftes Durchkneten, wenn Muskelverspannungen, Energieblockaden, organische und seelische Krankheiten das nötig machen. Bleib dir des außerordentlichen Geschenks durch ein zweites, lebendiges, beseeltes Wesen während der gesamten Massage bewußt.

Ehre den anderen und damit dich selbst, indem du dich hingibst. Hingeben heißt, im Sich-Erweitern sein, eine dankbare Haltung einnehmen, den massierenden Händen des anderen aufmerksam überallhin folgen, indem du in sie hineinatmest, dich zwischen und unter diesen Händen spürst. Schlafe nicht ein. Vor allem berufszerfressene Menschen reagieren hin und wieder so. Die Massage wirkt zwar trotzdem, allerdings schwächer. Das Einschlafen während der Massage kann ein unbewußter Ausdruck von Davonlaufen, Sich-nicht-hingeben-Wollen, gar von Mißtrauen sein. Eine Art Dämmerzustand kann auch vorkommen. Dann wurde durch die Massage ein altes Trauma berührt, es »schmilzt« und möchte davonfliegen. Wenn so etwas passiert, merke dir, an welcher Stelle du gerade massiert worden bist. Der Gebende soll dann liebevoll dort einige Zeit verweilen. Durch etwas stärkeres Streichen wird zu tiefes und langes Dahinschlafen verhindert.

Bei der großen Massage, die ich zuerst beschreiben möchte, geht es hauptsächlich darum, sich etwas Gutes zu tun. Gehe deshalb in solche organischen und seelischen Dinge nicht so tief hinein. Die Sicherheit, mit dergleichen umzugehen, kommt erst mit steter Übung.

Der Bekommende folgt also sich hingebend und dankbar den Händen, die ihn massieren. Der Gebende nutzt vor allem seine Hände, achtet auf seinen Atem und auf einen lockeren Bauch, ist in ganzer Person anwesend. Er ist beileibe kein bloßer Arbeiter, der mühsam schwitzend etwas zu vergeben hat, herschenkt. Er ist vielmehr die andere Seite jener Ganzheit, die beide bilden, soll es ein wahrhaftes Massageerlebnis werden. Die gebende Seite wird bald entdecken, daß es ein außerordentliches Geschenk ist, das er gibt. Und wenn der Gebende alles richtig macht, wird er schnell wissen, daß er alle Wesen liebt, nicht nur den vor ihm Liegenden. Geben heißt Bekommen, das ist ein kosmisches Gesetz. Ich möchte auch ein Beispiel nennen. Mehrere Sitzungen bei

Kollegen hatten mich immer noch nicht von einem bohrenden Kopfschmerz befreit. Zufällig traf ich eine Freundin in der Firma, in der sie arbeitete. Diese Frau litt gerade unter argen Schulterschmerzen. Ich ließ sie sich gleich im Büro hinlegen und massierte sie. Danach war ich von meinem Kopfschmerz befreit.

Desgleichen ist mir schon oft passiert. Bei dankbaren, mutigen und aufmerksamen Klienten haben wir uns beide stets hinterher besser gefühlt. Ängstliche, stark von sich selbst und/ oder anderen unterdrückte Menschen dagegen brauchen erst einmal viel Ermutigung, um stabil genug zu werden und zu wagen, sich die dunkleren, unbewußten Seiten ihres Wesens anzuschauen. Da kann schon einer auf halbem Wege stehen, d. h. auf seiner Energie sitzen- oder, besser gesagt, liegenbleiben. Ein solcher Zustand fühlt sich für beide unbefriedigend an. Der Massierende, nimmt er nicht genug Abstand, kann sich dann schwer, gar krank fühlen. Der eine Massage Empfangende sollte aufmerksam auf den Gebenden achten, ansonsten wird es für den Gebenden langweilig. Schweift andererseits der Massierende mit den Gedanken ab, kommt keine Energie in die Sache, es wird ebenfalls langweilig. Ihr ehrt euch selbst und den anderen also am besten mit liebevollen Gedanken und offenem Da-Sein, dadurch daß ihr im Raum und im Hier und Jetzt seid. Diese Haltung zu gewinnen, die Regeln, die ich euch genannt habe, zu beherzigen, bedeutet schon die halbe Massage. Denn es geht nicht so sehr um irgendwelche Massagekunstgriffe. Alles im Leben ist Spiel mit Energien. Wenn man weiß, nach welchen generellen Regeln mit Energie umzugehen ist, bleibt der Erfolg nicht aus, nicht nur beim Massieren.

Ihr seid nun zentriert und werdet es mit etwas Glück, einiger Übung und viel Freude auch bleiben, zumindest erst einmal für die Dauer der Massage.

Die große Massage: der ganze Körper

In den nun folgenden Kapiteln, der Beschreibung der »großen Massage«, wie auch später bei den »liebevollen Massagen« geht es um Spaß und Lebensfreude. Ganz besonders auch darum, Sexualität auf andere als die gewöhnliche Weise zu erfahren und sich damit den Weg zu ebnen zu einem reiferen und umfassenderen Verstehen dessen, was Sex eigentlich sein kann.

Der »gewöhnliche« Sex ist heute nach der tabusprengenden Brisanz der Sexwelle sozusagen straßenfähig geworden, die entrüsteten Kritiker und Buhrufer, bangend um die bürgerliche »anständige« Moral, haben sich beruhigt oder sind gar selbst mutiger und offener geworden. Es hat tatsächlich eine neue Zeit begonnen, und deshalb ist es schon wieder Zeit für eine neue Zeit. Sex haben wir nun gelernt, jetzt ist es vielleicht Zeit für ein noch feineres Wahrnehmen sexuellen Erlebnispotentials. Es ist Zeit für die Liebe, und zwar für eine neue Art von Liebe.

Diese beiden Kapitel sollen speziell Massageempfängern Mut zusprechen, die »doch so etwas noch nie gemacht haben« und die selbst spüren, daß das, was sie momentan als ihre Beziehung oder ihre Beziehungen zum andern Geschlecht erleben, vielleicht doch nicht alles ist. Vielleicht wurde eure Beziehung langweilig, anstrengend, traurig, seicht oder kritisch-kriselnd. Vielleicht möchtet ihr euch gerne näher kommen, euch fehlt aber die Landkarte für diese weite, neue, exotische Reise zueinander.

Die folgenden Kapitel bringen wenig Theorie, sie gehen ganz von meinen praktischen Erfahrungen aus. Es ist mein besonderes Anliegen, das Vertrauen der Leser in die eigene Fähigkeit und Intuition zu kräftigen. Hände hat jeder, also kann auch jeder begreifen. Was ich anfassen oder mir zumindest handlich anschaulich machen kann, verstehe ich. Können, Lebensmut sowie vor allem das Selbstvertrauen werden beim Massieren gestärkt.

Die große Massage, diese sanfte

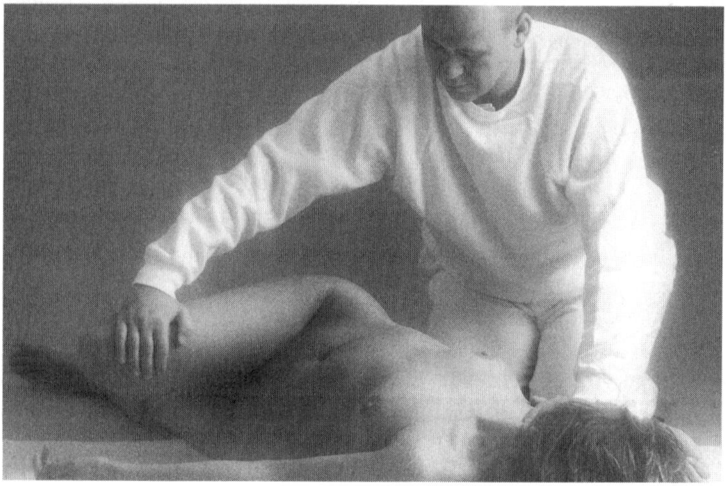

Ganzkörpermassage, dauert etwa anderthalb Stunden. Legt eure Uhr außer Reichweite, tragt auch keinen Schmuck, das stört den Fluß der Energien und die Massagegriffe.

Es dauert, solange es dauert. Das Zeitmaß spielt keine Rolle, denn euer eigenes Gespür wird euch exakt fühlen lassen, wann es genug ist. Gespür wird sich bei öfterem Massieren genauso wie das Sich-Erweitern mehr und mehr auch in anderen Situationen hilfreich einstellen, euch und den »Alltag« verändern.

Ich habe schon zwei oder sogar drei Stunden massiert und dabei völlig die Zeit vergessen. Ich habe mich dann hinterher ungeheuer erfrischt und lebendig erlebt. Auch bin ich schon so lange massiert worden, und es war, als wäre nur ein Augenblick vergangen und ich hätte inzwischen ganze Lebensspannen durchlebt.

Wer sich ganz und gar hilflos gegenüber dem Wort »Massage« fühlt, denn wir sind immer nur Worten gegenüber unselbständig, d. h. unsere Vorstellung davon, wie etwas sein muß, der ölt ganz einfach den Körper des anderen bald zart, bald kräftiger streichend langsam ein nach der Reihenfolge: Nacken, Rücken, Gesäß, rückwärtige Beine. Laßt den anderen umdrehen und geht genauso vor bei Kopf, Gesicht, Hals, Brust, Bauch, Armen, den vorderen Beinen, Füßen, Kopf, Gesicht und Hals. Bei den Kopfpartien genügt es, behutsam auszustreichen. Das dauert ungefähr eine halbe Stunde, und ihr könnt dazu gern viel gutes Öl nehmen, denn es tut der Haut und den Energiezentren wohl. Für den Kopf sitzt ihr am Kopfende, für den Rumpf jeweils an der rechten oder linken Seite. Ebenso könnt ihr mit einer Bürste oder einem Vibrator arbeiten, dann natürlich ohne Öl.

Ihr habt euch also angeschaut und seid jetzt entspannt aufeinander und auf den Ort konzentriert, habt ein Zeichen ausgetauscht, daß ihr bereit seid. Leg du dich nun mit bewußt langsamen, alles wahrnehmenden Bewegungen hin, auf den Bauch, das Gesicht seitwärts, vielleicht auf ein flaches Kissen gebettet. Der andere steht ebenso bewußt auf, deckt dich zu, schaltet das Licht aus, das gut blendfrei während der Übung des Sich-Erweiterns gebrannt hat, eure Gesichter zu erleuchten, oder blast die anderen Kerzen bis auf eine aus. Das reicht, denn jetzt gibt es weniger zu sehen als vielmehr zu spüren.

Sprecht beide kein Wort. Ich mache auch mich immer wieder darauf aufmerksam, denn wir sind so sehr ans Plätschern, Darüberhinschwätzen, Diskutieren, Intellektualisieren, ans »Klugscheißen« gewöhnt, daß wir gar nicht mehr anders können.

Du nimmst die handliche und im Winter vorgewärmte Ölflasche, kniest dich links neben dem Lieben nieder, zwischen Arm und Rumpf, daß deine Knie auch eine weiche Unterlage haben.

Schütte ein wenig Öl auf deine Handflächen und verreibe es. Hast du kalte Hände, was ob der Aufregung, und physisch bedingt häufiger bei Frauen, schon vorkommen kann, reibe sie eine Weile ganz schnell gegeneinander. Dabei atmest du wie eine Dampflokomotive. Sind sie immer noch kalt, unterrichtest du den Liegenden kurz darüber und entschuldigst dich, damit er nicht erschrecken muß und aus seiner mühsam angeeigneten Entspannung herausfällt. Nach ein paar Strichen wird sich die Starre aus deinen Händen lösen, sie werden dann ganz heiß.

Bevor du deine Hände auflegst, mache eine kleine Pause, spüre noch einmal nach, ob dich die Handgriffe nicht aus dem Gewahrsein gebracht haben, fühle den anderen und lege dann die Hände flach nebeneinander, ohne die Daumen zu überkreuzen, auf die Kreuzbeingegend, da, wo Rücken und Gesäß zusammenstoßen. Laß sie dort ruhig atmend eine Zeitlang liegen, bis du ein Gefühl dafür hast, wo der vor dir Liegende mit seinem Atem ist.

Die Feier hat begonnen. Vielleicht macht euch das, was da ist, etwas atemlos?!

Rücken, Gesäß, rückwärtige Beine

Ich ziehe es vor, mit dem **Rükken** zu beginnen und nicht mit den weicheren Körperteilen wie dem Bauch, in denen wir so vieles verstauen und die vorzuweisen oft auch ängstlich, weil verletzlich macht. Ebenso wird dem gewöhnlich gedankenumwölkten Kopf erst einmal Zeit zum Anpassen gegeben. Der Rücken ist härter, er ist ohnehin ans Tragen all dessen, was wir lieber nicht ansehen wollen und deshalb nach hinten verdrängen, gewöhnt. Er hält sein Fell sowieso für alles mögliche hin, der Arme. Du lauschst also, die Hände leicht auf dem Rücken in der Gegend des Steißbeines vor dir, mit den Fingerspitzen zueinander. Ganz sacht streichst du mit den flachen Händen jetzt nach oben bis zum Nacken und an den Seiten wieder herunter zum Kreuz- oder Steißbein, dabei das Öl verteilend. Vielleicht brauchst du mehr davon? In Massageanleitungen heißt es gewöhnlich, man solle immer wenigstens eine Hand am Körper des anderen lassen, um den Kontakt zu halten. Ich bin nicht dafür, denn wenn man mit nur einer Hand Öl nimmt, entzieht man dem anderen mehr Aufmerksamkeit. Gib also ganz normal mit einer Hand Öl in die andere hohle Hand. Außerdem kannst du kurz beide Hände mit dem Öl gegeneinander verreiben, um es nochmals zu wärmen. Man kann auch eine genügend große Schale mit Öl füllen, in die man nur die eine Hand einzutauchen braucht. Auf diese Weise nimmt man jedoch meist zu wenig Öl auf. Außerdem wird so ein flaches Ding schnell übersehen und dann umgeworfen, und Ölflecke lassen sich nicht ohne weiteres entfernen. Nimm besser beide Hände weg vom Körper des anderen, bleibe jedoch mit der Aufmerksamkeit ganz bei ihm und achte gleichzeitig auf deinen Atem. Der andere wird sich auf diese Weise wohlversorgt und nicht allein gelassen fühlen, denn der Energiestrom ist nicht unterbrochen. Verfahre genauso bei anderen Unterbrechungen, wenn z. B. die Kerze flackert, du die Heizung an- oder ausstellen mußt, die Musik an unpassender Stelle einfach aufgehört hat oder stört. Nimm sowieso bei den ersten Malen vielleicht eine sehr ruhige Musik zu Hilfe. Denn während du noch unsicher bist, Griffe probierst und ab und zu

ins Buch nach der Reihenfolge und anderen Informationen schaust, kommt manche Unterbrechung zustande, die eure Musik gut auszugleichen vermag. Das Telefon muß natürlich leise gestellt oder im Nebenraum verstaut werden. Wenn dir plötzlich einfallen sollte, daß du unbedingt die Blumen gießen oder das Fahrrad noch in den Keller bringen mußt, dann verschiebst du das auf die Zeit nach der Massagesession.
Statt einer Kerze würde auch eine Aromalampe eine wunderbare Atmosphäre schaffen.
Streiche durchaus mit etwas Druck über den Rücken, das regt den Stoffaustausch im Bindegewebe an und wird als angenehm empfunden. Entspanne die Hände so gut wie möglich. Die meisten Menschen verspannen ihre Hände und Arme bis zum Rükken, weil sie sich in vielen Dingen manchmal nicht in die Welt hinauszugreifen trauen, um sich ihre Wünsche zu erfüllen. Es gibt so viele Tabus, die uns zurückhalten. Massieren öffnet die Hände und gestattet der Energie, wieder zu fließen, zu anderen Menschen und in die Welt hinaus. Je mehr Energie fließt, desto mehr kann nachkommen, denn der kosmische Vorrat, von dem wir die Energie beziehen, ist unerschöpflich.
Du kannst das Lockern der Hände unterstützen, indem du sie vorher gut atmend vehement ausschüttelst. Das solltest du auch zwischendurch immer wieder einmal tun. Während des Rückenstreichens passe deine Hände allen Körperkonturen an, die ihnen begegnen. Bewege dich langsam und sei dir stets dessen bewußt, was du tust. Zittern und Zagen, häufiges Innehalten und Neubeginn sind äußerst störend. Darum führe jede Handlung gleitend aus. Wenn du nicht weiter weißt und ins Buch schauen willst, laß eine Hand auf dem anderen liegen, und schaue ohne Hast nach dem, was du brauchst. Sei mit der Aufmerksamkeit beim anderen und im Buch, eine phantastische Vorübung zum geistigen Wachsen. Und spüre auch immer, was unter der Hand, die du bewegst, liegt: Gesundes, gut Durchblutetes, Pulsierendes oder Schlackiges, Krankes, Resignierendes. Mach dem Toten Beine, indem du dort besonders liebevoll und des längeren verweilst.
Mit der Zeit wird das Gewebe dir Geschichten zu erzählen beginnen, die bis hin zu sogenannten früheren Leben führen können. Du wirst manches am anderen blitzartig verstehen, ohne es genau erklären zu können.

Erzeuge leichten oder auch stärkeren Massagedruck nicht mit den Armen, sondern dem gesamten Körper, aus dem entspannten Bauch heraus. So werden z. B. die wundervollen und kunstreichen japanischen Kalligraphien jahrelang geübt. Die meisten Leute wissen nicht recht, was ein lockerer Bauch ist, weil sie ständig in der Solarplexusgegend verspannt sind: aus Angst vor Schmerz, der vielfach aus früheren Erlebnissen stammt, aus einem Sich-nicht-Trauen, aus einem Nicht-wiedererleben-Mögen, vielleicht auch aus versteckten und unbewußten Machtgelüsten. All das kannst du nach und nach lokkern. Achte darauf, daß du bequem kniest und eine hinreichend gerade Wirbelsäule hast, und über all dem sei dir ständig gewahr, daß ein lebendiger Mensch vor dir liegt und nicht irgendein Zipfel von Bein, Brust oder Bauch.

Du streichst jetzt also den Rükken in großen Zügen hinauf, um die Schulterblätter herum und an den Seiten zu den Hüften wieder hinunter. Überlaß das Denken deinen Händen, sie tun schon alles ganz richtig. Dieser große Rückenstrich unterstützt das Atmen und regt es an. Du sitzt links neben dem Lieben, zwischen seinem Arm und Leib,

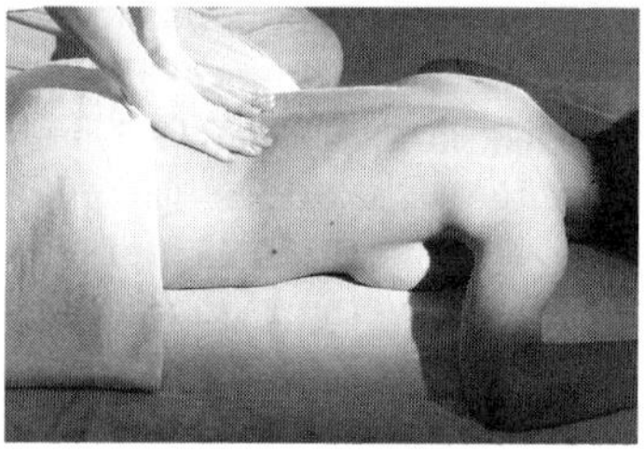

Abb. 1

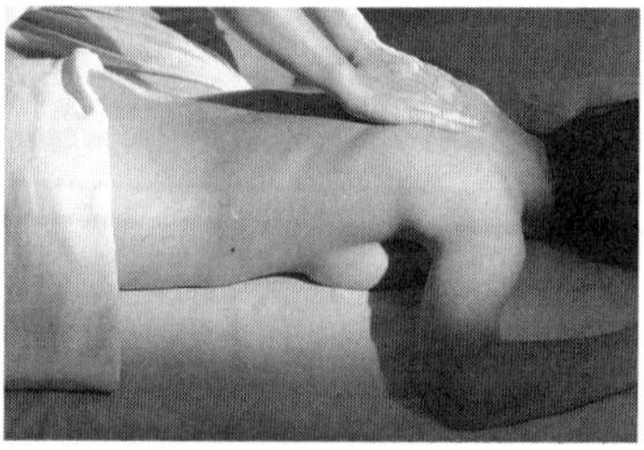

Abb. 2

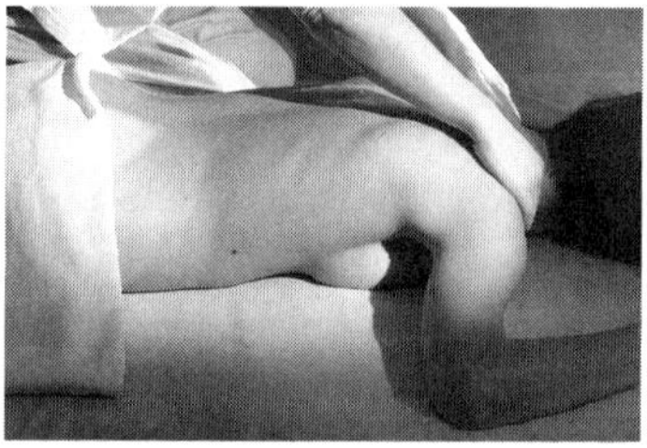

Abb. 3

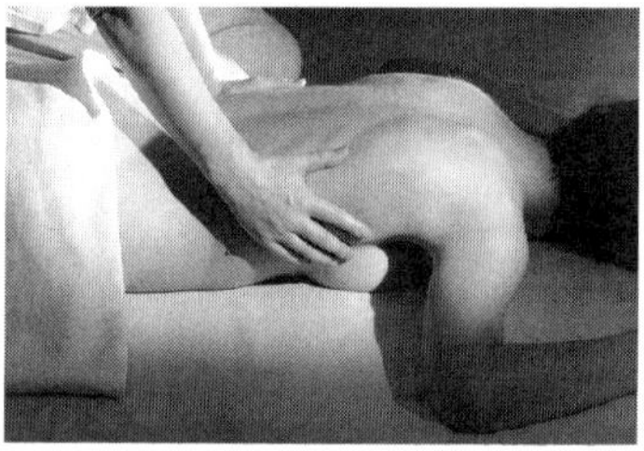

Abb. 4

nicht rittlings auf seinen Beinen, das drückt und klemmt dem Liegenden den Atem ab. Streiche bis hoch in den Nacken hinein, das wird wohliges Stöhnen hervorrufen. Wenn du diese großen Rückenstriche einige Male langsam getan hast, kehrst du zur Kreuzbeingegend zurück und bearbeitest sie. Es ist gut, zwischen den einzelnen Rückengriffen immer wieder einmal zu diesen langen Strichen zurückzukommen. Viele alte Weisheitslehren sind sich darin einig, daß unsere seelische Grundstimmung und unser geistiger Zustand zu einem guten Teil von dem Befinden unserer Wirbelsäule abhängen.

Im Yoga wird die Haltung der Wirbelsäule trainiert, im Zazen und bei anderen Meditationsarten wird peinlich auf eine äußerst gerade Wirbelsäule geachtet. Schließlich verlaufen die versorgenden Nerven ja durch die Wirbelsäule hindurch, so daß Verkrümmungen hier, wie sie oft vorkommen, nicht nur Schmerzen verursachen können, sondern auch die Nervenversorgung beeinträchtigen. Eine gute Rückenmassage wird deshalb als sehr befreiend erlebt und darf durchaus eine halbe bis gar dreiviertel Stunde dauern. Sie ist zudem ebenfalls als Einzelmassage nützlich und geraderükkend. Drücke bei dieser Hauptübung ruhig fest auf. Wenn die Hände nach fünf- bis achtmaligem Streichen wieder auf dem **Steißbein** angekommen sind, wird diese ganze knöcherne Gegend bearbeitet. Viele Menschen haben eine Lordose (Hohlkreuz) und brauchen an dieser Stelle etwas Erleichterndes, um den oft verkrümmten unteren Teil der Wirbelsäule zu entlasten. Massiere mehrmals mit einer Hand rund um den Hüftknochen seitlich abwärts bis zur Unterlage hin. Dann taste systematisch die knöcherne Steißbeinplatte, »liegende Achten« fahrend, ab.

Danach bewegst du dich ein biß-

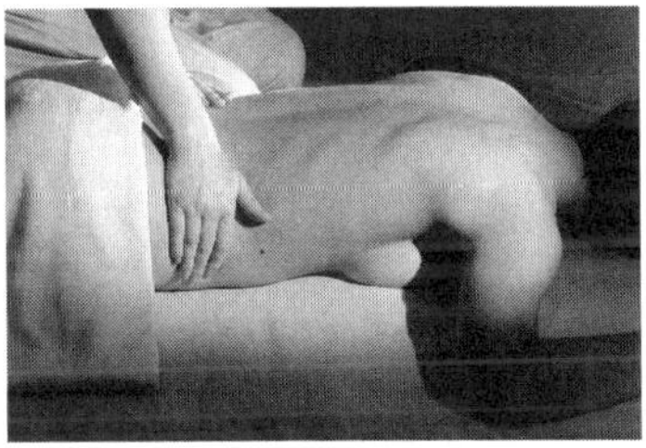

Abb. 5

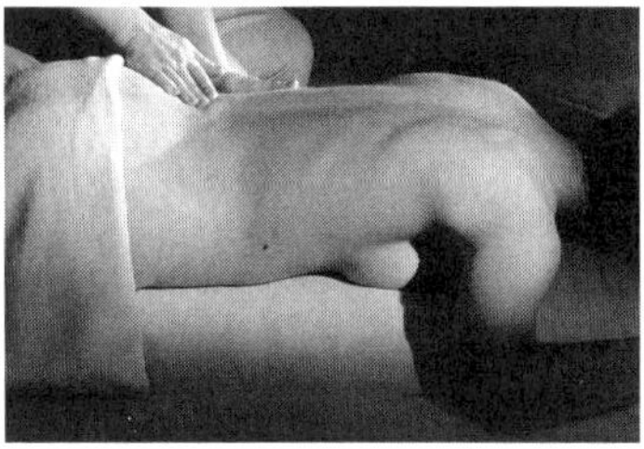

Abb. 6

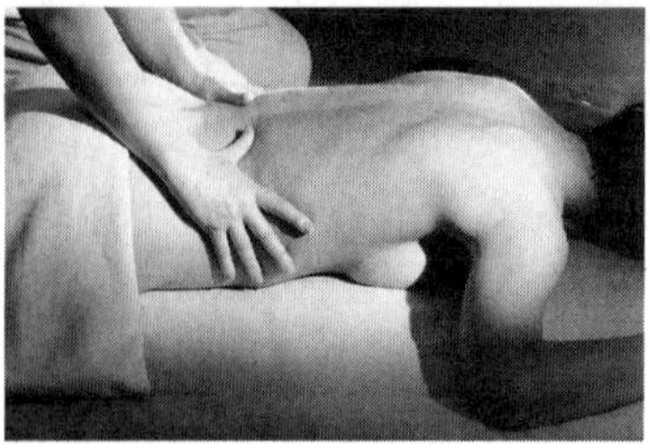

Abb. 7

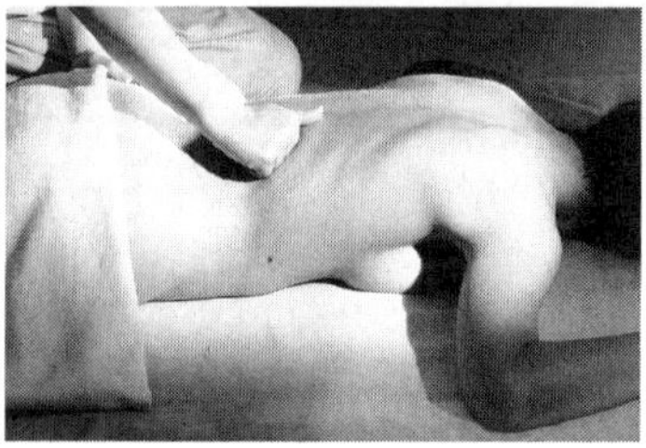

Abb. 8

chen höher, zur **Taillengegend**. Etwas über dieser Linie, beidseitig neben der Wirbelsäule, liegen die Nieren und Nebennieren, die ebenfalls bei den meisten der westlichen Menschen nicht richtig arbeiten. Presse die ganze Partie rechts und links der Wirbelsäule mit den Daumen und Ballen gut durch. Danach kannst du eine Faust machen und mit den Fingerknöcheln aufwärts streichend noch nacharbeiten. Das mögen die Nieren. Alte Weisheit und Erfahrung ordnet den physischen Krankheiten entsprechende geistige Beschaffenheit zu. Bei den Nieren heißt es, ihr Zustand spiegele die Art der Beziehung zu anderen.

Oft gibt es kurz unterhalb der Nieren Pölsterchen, die sich tot und ein wenig kälter als ihre Umgebung anfühlen. Solche Wasseransammlungen (Ödeme) lassen auf problematische Beziehungen schließen, auf Zurückhaltungen und negative Gedanken gegenüber Mitmenschen. Tun wir also durch kräftiges Pressen etwas für unsere Beziehungen. Die Nierenpresse erfolgt mit beiden Händen, die Daumen sind abgespreizt. Presse und reibe von der Taille einige Male ganz rasch zehn Zentimeter aufwärts.

Als nächstes tastest du mit den flachen Fingern der rechten Hand die Wirbelsäule hinauf. Dieses **Wirbelsäulentasten** geschieht ganz sacht. Nimm dir Zeit dafür. Du wirst spüren, ob Wirbel aus der Reihe tanzen, seitlich nach oben oder nach unten. Du spürst, ob irgendwelche Schlacken dazwischensitzen, ob die Säule gar eine ungehörige Beugung macht. Mit zunehmender Übung wirst du feststellen, daß an solchen Stellen der Energiefluß unterbrochen ist. Durch deine Bemühungen kann die Energie wieder fließen. Das wird dem anderen unbändige, vielleicht stille Freude bereiten.

Jetzt kommen **die beiden lan-**

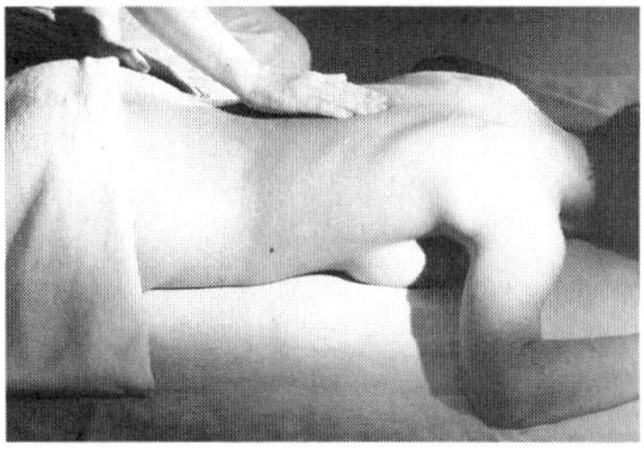

Abb. 9

gen Muskelstränge gleich neben der Wirbelsäule dran. Spreize Zeige- und Mittelfinger der rechten Hand zu einem V und fahre damit die Rückenmuskeln herunter, mit der linken Hand obenauf Druck ausübend.

Das wird als sehr wohltuend

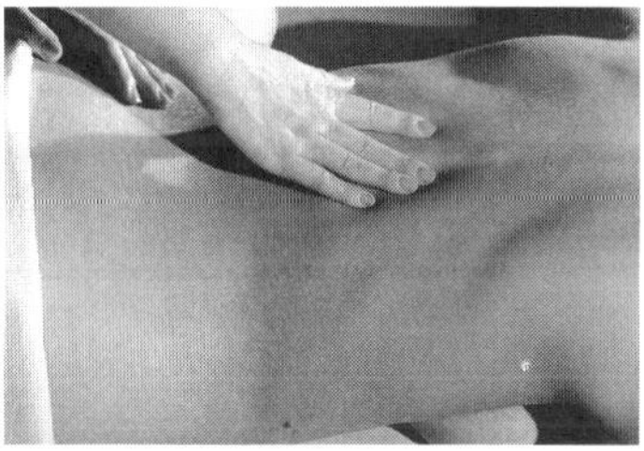

Abb. 10

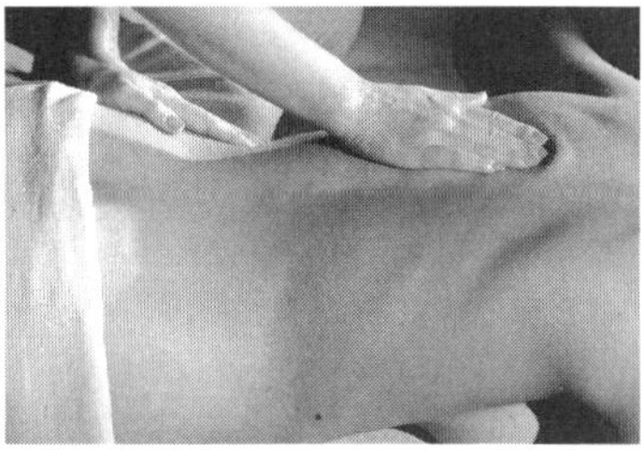

Abb. 11

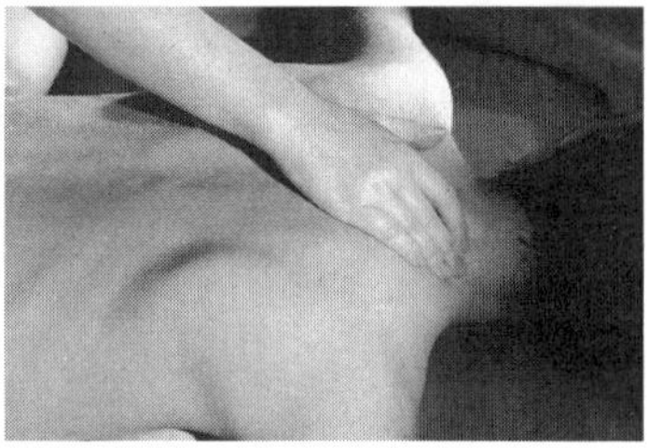

Abb. 12

empfunden. Danach kannst du mit den Fingern jeden Strang ein- bis zweimal einzeln bearbeiten. Paß auf, denn man kann wegen der besonderen Verspannungen, die hier an verschiedenen Stellen häufig auftreten, leicht abrutschen. Da läßt dich dein Partner nicht herein, er hat unbewußt vor etwas Angst. Rede ihm gut zu und gehe ganz langsam an diese Stellen heran. Beginne ganz unten, wo der Gesäßbackenritz ist, und gehe bis zum Hals hinaus. Du kannst dir dann zweckmäßigerweise beim Heraufgehen gleich die immer etwas angespannten Stellen der Schultermuskeln vornehmen, nämlich rechts und links um den etwas hervorstehenden siebten Nackenwirbel. Kneife dort und auch an den stets angespannten Stellen rechts und links davon sehr tüchtig zu, du wirst heiß geliebt werden dafür. Gehe danach die Nackenwirbel bis zum Schädel kräftig herauf, bearbeite auch die beiden Muskelstränge

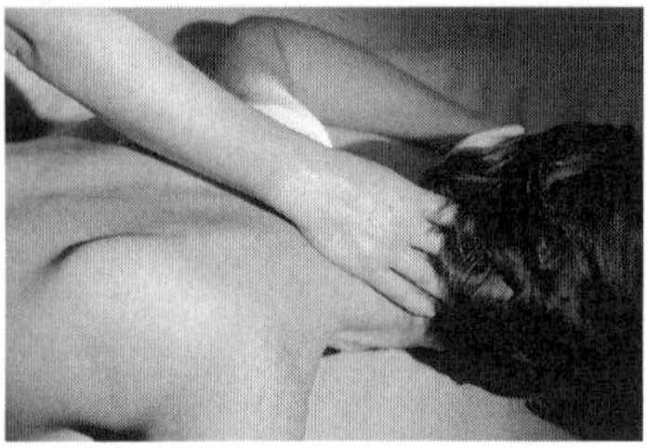

Abb. 13

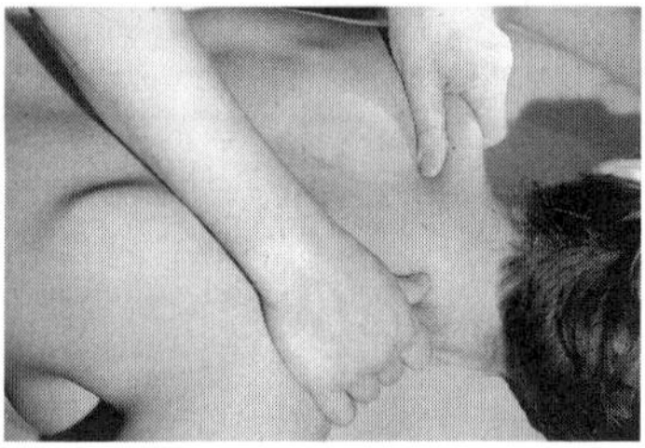

Abb. 14

daneben am Hinterkopf mit. Das ist äußerst wohltuend.
Du kehrst dann zum linken **Schulterblatt** zurück. Nimm den linken Arm des nun sicher schon wohlig entspannt Daliegenden, und dreh ihn ihm nach hinten bis fast auf den Rücken. Diese Haltung hat das Schulterblatt schön plastisch hervortreten lassen, so daß du hier mit der rechten Hand in die sich auftuende Spalte tief hineingreifen kannst, mit der linken Hand von unten das Schultergelenk fassend und so dagegendrückend. Der Muskel, dem du hier in die Nähe kommst, ist der musculus subscapularis und dient im »Touch for Health« (eine dem Shiatsu ähnliche, mit Fingerdruck und Muskeltest arbeitende Körpertherapieart mit dem Ziel, den Energiefluß freizuhalten) zum Testen des Herzmeridians. Dort kann es sich sehr eng anfühlen, z. B. wenn sich viel Traurigkeit festgesetzt hat. Es kann vorkommen, daß ganz plötzlich Tränen fließen. Es kann aber auch sein, daß man dich gar nicht erst hereinläßt, daß man dich vielleicht sogar mit einem mürrischen »Es tut weh!« abweist. Du bist ganz auf dein Gefühl angewiesen. Geh vorsichtig und sanft zu Werke, sei dabei jedoch unerbittlich. Weh tut's nun manchmal, wenn sich etwas auflöst. Damit ist es dann aber auch heraus aus Körper, Geist und Seele. Zerfließe bitte nicht mit vor Sentimentalität, wenn Trauer da ist, denn so hilfst du nicht. Laß den anderen sich ausweinen, und halte ihn derweilen sanft und voller Aufmerksamkeit. Sprich nur, wenn der Weinende etwas zu sagen hat über das, was gerade in ihm vorgeht. Gib keine klugen Ratschläge, sondern bestätige ihn einfach. Damit mußt du seinen Ausführungen nicht zustimmen, sondern vermittelst ihm einfach das Gefühl, angehört zu werden. Vermeide auf jeden Fall Quälerei, es gibt neben Zeit als Quanti-

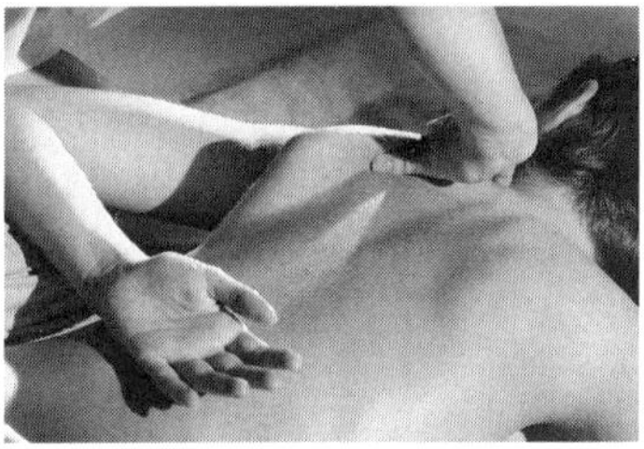

Abb. 15

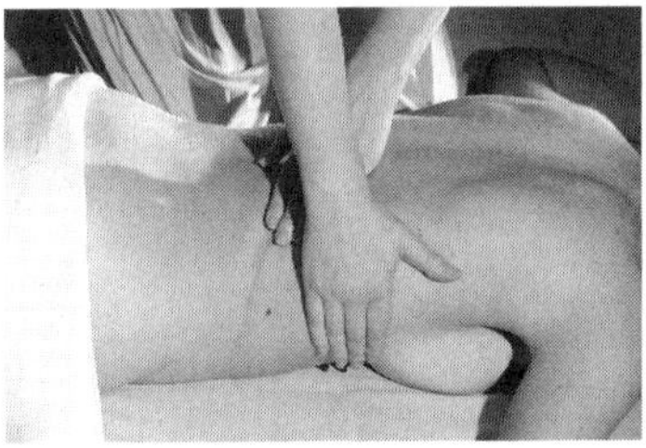

Abb. 16

tät auch eine Qualität der Zeit. Du wirst genau spüren, ob du im Zustand des Sich-Erweiterns geblieben bist und ob es an der Zeit ist, in bestimmte Gewebe, Muskeln, Organe hineinzugehen und die darin gut versteckten schmerzhaften Erinnerungen hervorzuholen, oder ob damit noch gewartet werden muß.

Nach dem Schulterblatt wanderst du mit beiden Händen zur **rechten Seite des Oberkörpers** in einer kreiselnden Bewegung bis hinunter zum Gesäß. Die rechte Hand setzt dicht unter der Achselhöhle an, dort wo der Körper die Unterlage berührt, und streicht mit sanftem Druck sehr bewußt nach oben, während die linke zur gleichen Zeit diese Bewegung noch einmal nachfährt. Das sieht recht elegant aus und ist etwas schwierig zu beschreiben. Probiere es aus, damit wirst du ein Gefühl dafür bekommen. Langsam wandern beide Hände weiter. Diese Seiten werden so gut wie nie berührt. Sie sehnen sich nach Anfassen! Die Flankenatmung wird wieder auf Vordermann gebracht, denn sie ist bei vielen Menschen vernachlässigt. Eine Vernachlässigung der Flankenatmung kann z. B. ein geringes Selbstwertgefühl zur Folge haben. Ein solcher Mensch kann sich nicht durchsetzen, er bringt Dinge nicht zu Ende, ist geistig und körperlich kurzatmig. In der Gegend der Nieren/Nebennieren gibt es auch noch spezielle Energiezentren, Nebenchakren, die bei diesem Griff gleich mitaktiviert werden, so du ihn mit Hingabe übst.

Man kann am Rücken noch viel mehr machen, aber das eben Aufgeführte ergibt bereits eine feine und vollständige Rückenbehandlung. Auf einiges werde ich im folgenden noch zurückkommen. Vielleicht erfindet ihr euch auch Neues?

Den Abschied vom Rücken soll die Bauchschaukel bilden. Plaziere dazu die linke Hand oben auf die Wirbelsäule, in der Ge-

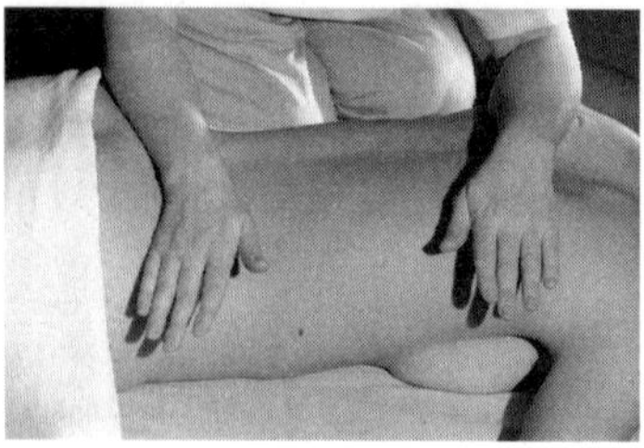

Abb. 17

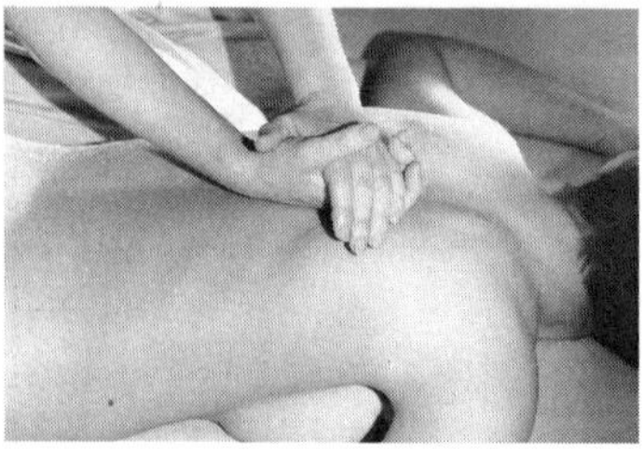

Abb. 18

gend des Herzens, die rechte kommt aufs Steißbein, wo alles angefangen hat. Nach einem Moment der Sammlung beginnst du mit beiden Händen synchron den Körper vor dir leicht schaukelnd hin und her zu schwingen, in deine Richtung und wieder entgegengesetzt. Das sollte mindestens einige Minuten dauern. Unterbrich eine hinreichend lange Zeit, während derer deine Hände an den beiden Schaukelpunkten still liegenbleiben. Danach noch ein bißchen weiterschaukeln. Ganz zum Schluß darf das sanfte **Ausstreichen** nicht vergessen werden, wobei du in der Gegend etwas oberhalb der Taille beginnst. Lege beide Unterarme nebeneinander dorthin, konzentriere dich auf den Atem und streiche kräftig mit dem linken Unterarm bis zum Nacken hinauf, gleichzeitig mit dem rechten bis über das Gesäß hinunter. Falls einmal nicht soviel Zeit ist, mache nicht alle diese Striche kurz und hastig, sondern reduziere sie auf einige wenige Griffe oder gar nur auf den beginnenden großen Rückenstrich. Schließe mit **Rückenklopfen**, das alle Teile genügend aktiviert. Dazu werden beide Hände mit den inneren Handflächen derart aufeinandergelegt, daß ein Hohlraum entsteht. Mit diesem weich federnden Gefäß, den rechten Handrücken nach unten auf den Rücken schnellend, klopfst du nun den gesamten Rückenbereich etwa drei Minuten systematisch ab.

Es ist himmlisch ...

Wir kommen nun zum **Gesäß**, dem verlängerten Rücken. Du rutschst an der linken Seite deines Partners herab und knetest erst einmal alles gut durch. Um an den Einschnitt zwischen den großen Gesäßmuskeln, des musculus gluteus maximus, die fast stets trotz Sexwelle, oder gerade deswegen, unfreudig verkrampft sind, heranzukommen, benutzen wir den Ellenbogen, denn hier braucht es geballte Kraft. Drücke den rechten Ellenbogen nun in das Grübchen der linken Gesäßbacke. Falls du das Grübchen nicht siehst, laß den anderen die Backen rasch zusammenkneifen. Fahre mit starkem Druck hin und her drehend in Richtung etwas schräg zu den Füßen und dann seitlich hinunter zur Unterlage. Du mußt das einfach probieren. Du wirst genau merken, wo dieser ominöse Muskel sitzt und angespannt ist. Es kann ganz schön weh tun, wenn er dann gestreckt wird, das fühlt sich aber hinterher dann toll an. Man braucht später auch nicht mehr den Hintern vor jedem Problem zusammenzukneifen. Außerdem fühlst du beim Sex oder Tantra viel mehr. Falls die Verspannung des Massage Empfangenden zu groß ist, rede ihm gut zu, dich da hereinzulassen. Nach einigen Massagen wird sie verschwinden. Diese Übung wird trotz eines mitunter ziemlich heftigen Schmerzes letztlich doch als sehr angenehm lockernd empfunden. Die vorige Übung kannst du genausogut mit dem Zeigefingerknöchel ausführen.

Nun sind die **Beine** dran. Öle sie erst einmal von oben bis unten ein und streiche auch immer leicht über die Fußsohlen hin. Zuerst hebst du das Bein am Fußgelenk hoch, ziehst es ein bißchen lang und schüttelst es. Dann beugst du es, indem du die Ferse auf die Gesäßbacke zubewegst, soweit es eben geht. Normalerweise sollte es keinen Schmerz verursachen, wenn sich Gesäß und Ferse berühren. Verharre etwas, den Fuß leicht

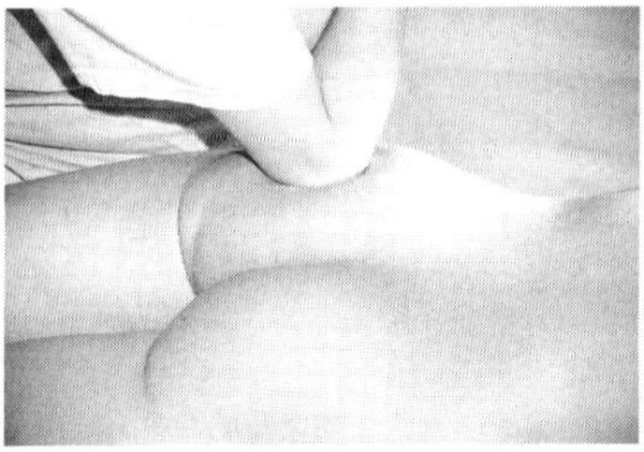

Abb. 19

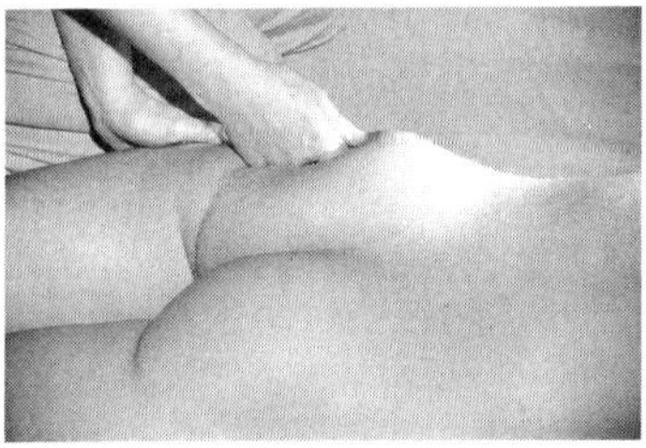

Abb. 20

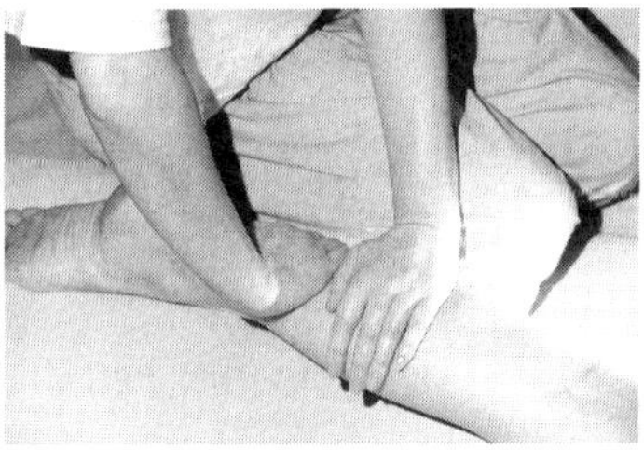

Abb. 21

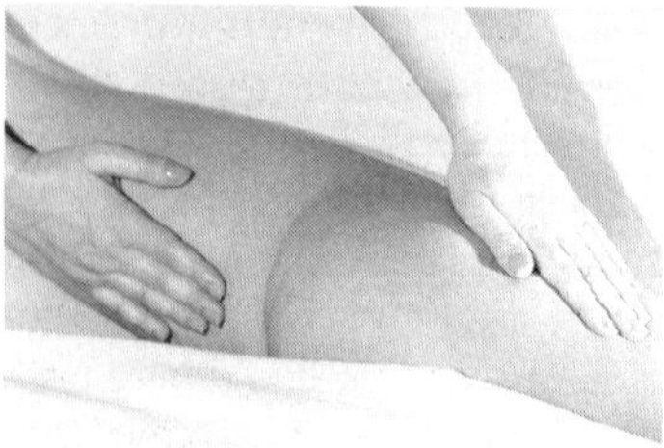

Abb. 22

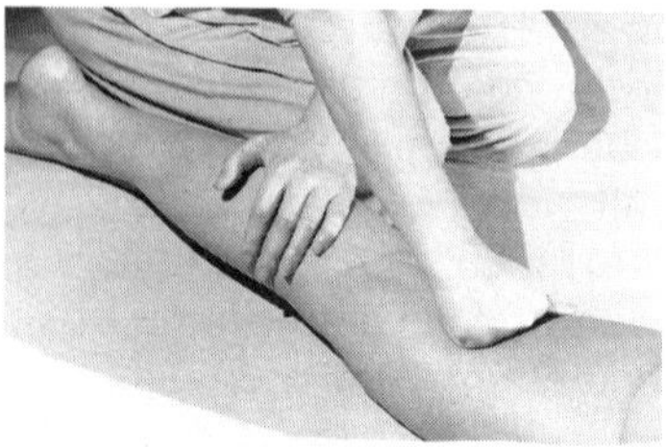

Abb. 23

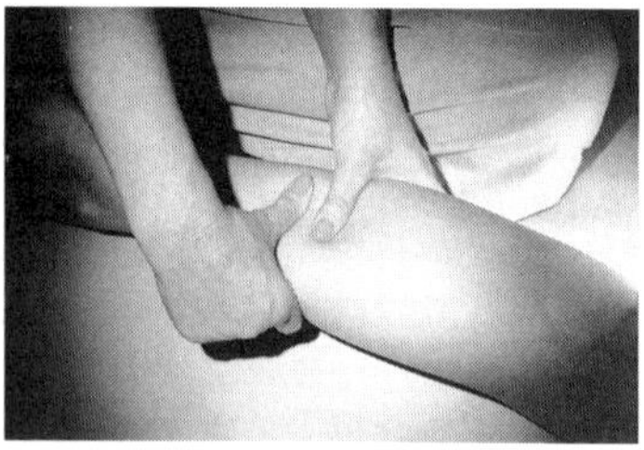

Abb. 24

in Richtung auf das Gesäß federnd.

Lege nun den Fuß vorsichtig wieder hin und mache dich ans Ausstreichen des Beins. Du sitzt etwa in Höhe der Waden und hältst beide Hände mit den Daumen zu dir etwas oberhalb des Fußgelenks, die linke vor der rechten. Nun fährst du mit beiden Händen gleichzeitig hinauf, wobei die Linke noch das ganze Gesäß und das Hüftgelenk kräftig umrundet, während die Rechte langsamer streichend am Beinbeginn auf die Linke wartet, bis beide wieder zusammen das Bein herunterstreichen können. Verfahre so mehrmals. Es handelt sich um den gleichen Griff wie beim großen Rückenstrich. Du kannst dann noch die Wade und den Oberschenkel mit kräftigen Handknöchelstrichen aufwärts bearbeiten und drücken und, sanft die Füße eine Weile in beide Hände nehmend, euer Sich-Erweitern genießen. Dann stehst du vorsichtig auf, deckst den Rücken und das linke Bein des vor dir Liegenden zu und gehst auf die rechte Seite hinüber, wo du mit dem rechten Bein und der rechten Gesäßbakke wie eben beschrieben verfährst. Beim Rücken hast du dann noch, wieder zwischen rechtem Arm und Körper des Partners kniend, Schulterblatt, langen Rückenstreckermuskel rechts und die linke Seitenfläche zu bearbeiten.

Danach stellst du dich im Tai-Chi-Stil, also mit etwas gespreizten, gebeugten Beinen, ungefähr am Gesäß auf und streichst zweimal ganz langsam und bewußt vom Nacken bis hinunter zu den

Füßen. Achte dabei auf deinen Atem, sonst fällst du leicht um. Das **Gesamtkörperausstreichen** ist unbedingt nötig, weil es hilft, die Energie gleichmäßig im Körper zu verteilen.

Vergiß niemals, jetzt noch mit einer Hand vom Steißbein die Wirbelsäule leicht aufwärts bis zum Nacken und über den Kopf weg zu streichen. Das aktiviert die Energie in verschiedenen Meridianen, die durch den Gesamtkörperstrich eventuell inaktiviert waren. Wir lassen den anderen, nach einem entsprechenden Besinnen, sich ganz langsam umdrehen und massieren die Vorderseite.

Kopf, Hals, Nacken, Gesicht

Der liebe Mensch vor dir hat sich umgedreht, und du hast ihn gut zugedeckt. Falls eine Unterbrechung angesagt ist, kann hier nun gut eine Pause eingelegt werden.

Falls du das Gefühl hast, daß du vom anderen zuviel Energie aufgenommen hast, kannst du die Hände waschen oder unter kaltes Wasser halten und kräftig atmen sowie sie gut ausschütteln. Das befreit dich von Gefühlen, die nicht deine eigenen sein könnten.

Übrigens regt so ein Massieren den Stoffwechsel gewaltig an, vielleicht hat der Massierte Harndrang. Laß ihn damit nicht liegen, denn so kann er nicht genießen. Wenn du richtig, mit lockerem Bauch, gutem Atem und in stetem Sich-Erweitern, massiert hast, ist der Stoffwechsel bei dir genauso angeregt.

Mach nun eine kleine Pause, du sitzt bereits auf einem flachen Kissen über dem **Kopf** des andern und hältst deine Hände, die du zuvor vielleicht mit duftendem Orangenöl benetzt hast, ganz leicht über das Gesicht vor dir, es gerade eben berührend.

Nach einigen Minuten seid ihr beide wieder im Sich-Erweitern. Du nimmst nur wenig Öl auf, und damit geht es an den **Hals**. Drehe den Kopf des vor dir Liegenden vorsichtig nach rechts oder links, laß ihn auf keinen Fall dabei mithelfen, halte ihn mit einer Hand und drücke vor allem mit dem Daumen der anderen den Muskel aus, der vom Ohr zum Grübchen des Schlüsselbeins verläuft. Arbeite ganz langsam. Es wird fast immer weh tun, da wir den Kopf durchweg falsch tragen, d. h. zu sehr nach vorn fallen lassen, statt aufrecht, aufrichtig zu sein. Ebenso lassen wir uns in der Brust gerne einfallen, aus mangelndem Selbstwertgefühl, um uns nicht

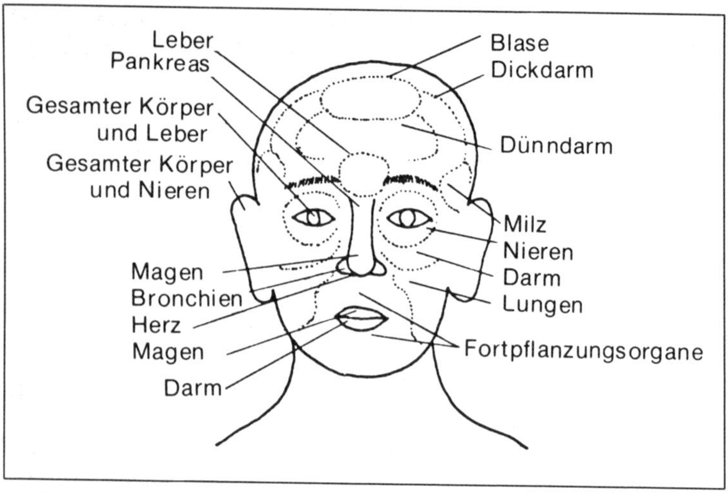

Zeichnung 1: Gesichtsbereiche in Entsprechung zu den Körperbereichen.

so sehr zu spüren, denn wir könnten an alte Schmerzen erinnert werden. Deshalb machen wir uns lieber klein. Starkes Ein- und Ausatmen wird den Schmerz hier ein wenig lindern.

Weiter hinten am Hals gibt es noch einen Muskel, den du genauso behandeln kannst. Wenn du im Zweifel bist, wo diese Muskeln verlaufen, fühle nach, wo es hart ist, da sind sie. So weh es wahrscheinlich tut, so erleichternd ist es. Wir sind gewöhnlich so sehr mit Denken beschäftigt, daß es hier stets starke Spannungen gibt.

Nach diesen Griffen bearbeite die gesamte Kopfhaut mit Fingerpressen. Mache eine Kralle. Verschiebe nur die Haut auf dem Schädelknochen, aber reibe nicht. Nimm dir Zeit, du wirst auch hier wieder dafür geliebt werden. Nun gib beide Handflächen unter den Kopf des andern und presse die gekrümmten Finger systematisch in seinen **Nakken**. Das wird meistens als angenehm empfunden. Du wirst harte Muskelstränge finden. Presse und klopfe sie sowie den Ansatz

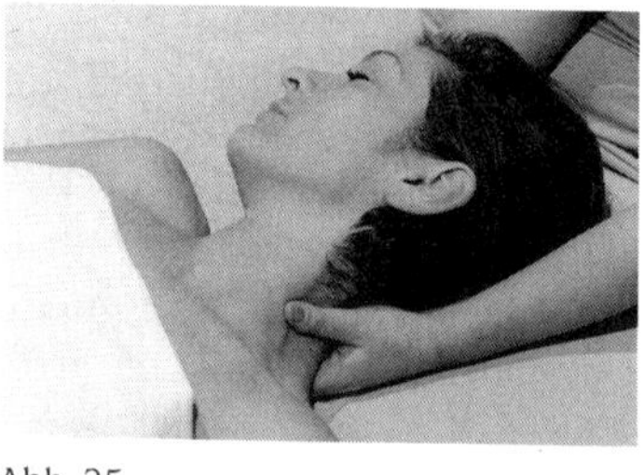

Abb. 25

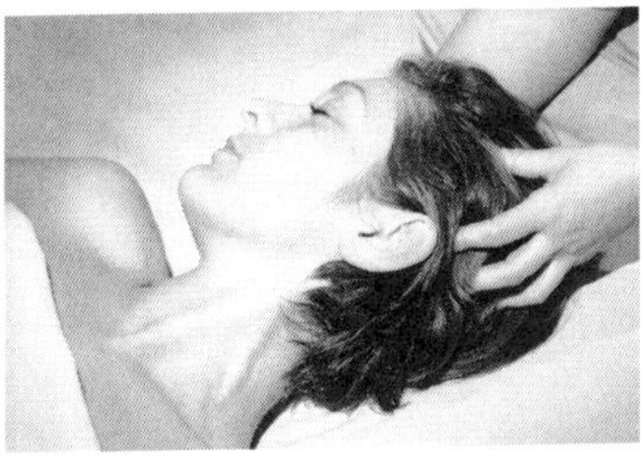

Abb. 26

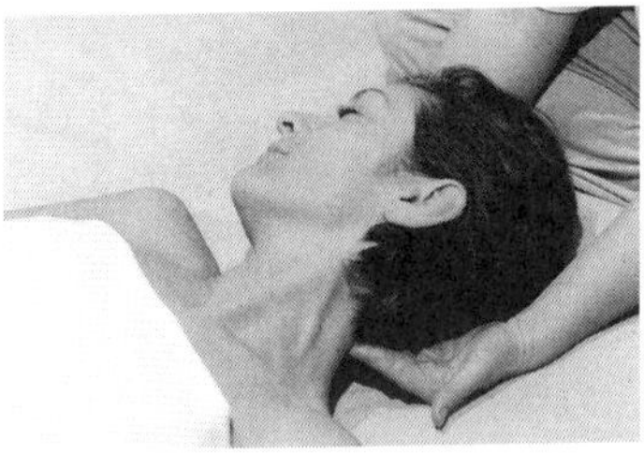

Abb. 27

des Knochens am Hinterkopf (Schädelbasis) ausgiebig.
Um dem Partner zu helfen, den Kopf noch weiter zu entspannen, kannt du ihn ein paarmal sanft heben und senken. Das wird ihm helfen, deine Dienste anzunehmen, so daß er den Kopf bald ganz deinen Händen überlassen kann, ohne noch selbst bewußt oder unbewußt mitzuarbeiten. Du kannst seinen Kopf auch zart hin und her drehen, von links nach rechts und zurück, so von oben nach unten, diesmal an der Schädelbasis, bis er seine Kontrolle aufgibt.
Nun bearbeitest du die Schultern, drückst sie federnd im

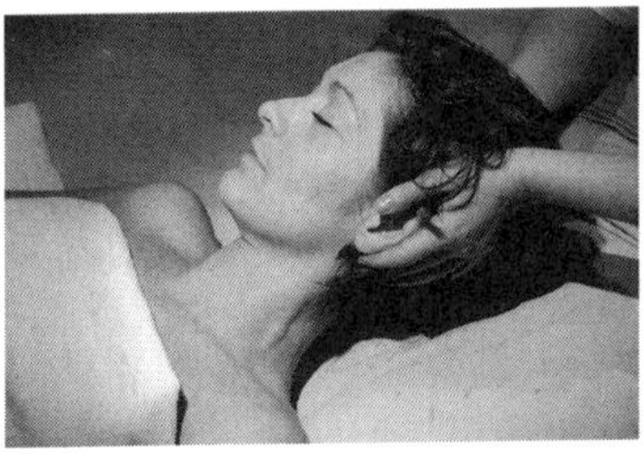

Abb. 28

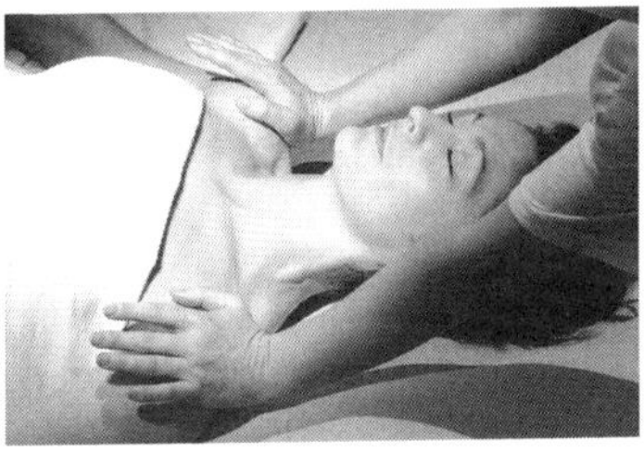

Abb. 29

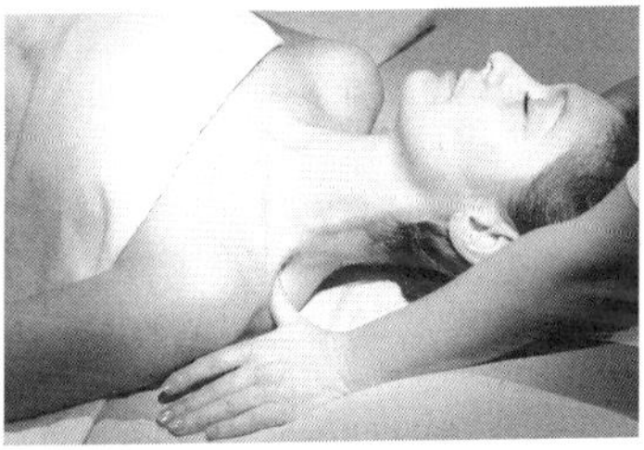

Abb. 30

Wechsel fußwärts nach unten, so daß sich die Bewegung die Arme entlang bis in die Fingerspitzen auswirkt. Du arbeitest die Schultern oben und zum Rücken hin durch. In der Mitte zwischen Schultergelenk und Hals, etwas mehr zum Rücken hin, wirst du sicher auf eine kugelförmige Verhärtung stoßen, die wir bereits am Rücken kennenlernten. Sie hat ihre Ursache ebenfalls daher, daß wir unseren Kopf hängenlassen. Diese Murmeln knete sehr kräftig. Das tut zwar auch meistens weh, der Kopf trägt sich nachher jedoch um so leichter. Nach kurzem Ausruhen fährst du mit beiden Händen (laß dir vom Partner nicht helfen) ein wenig unter seine Schultern, mit den Handrükken nach oben, soweit du eben kommst. Poche ein wenig gegen Wirbelsäule und Umgebung und bewege dich gleichzeitig nach oben und zu dir hin, dabei noch einmal den Nacken bearbeitend. Der braucht das immer, denn wir sind so hartnäckig und dickköpfig. Verfahre ruhig einige Male so.

Du kannst, bevor du dich dem Gesicht zuwendest, den Kopf noch zwischen deine Hände nehmen, die rechte Hand befindet sich dabei am Hinterkopf, die linke am Kinn, und ihn kräftig vom Rumpf abziehen. Ebenso ist es auch ein schöner Schluß, den Schädel zwischen den Händen zu pressen, wobei du alle deine Kraft zu Hilfe nehmen solltest. Du kannst dies an zwei Stellen tun: vorne an der Schläfe und weiter zurück. Im zweiten Fall müssen die Hände hinter den Ohren liegen, die Fin-

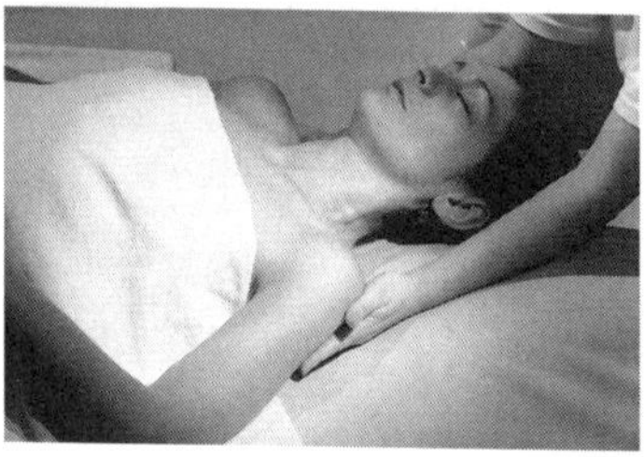

Abb. 31

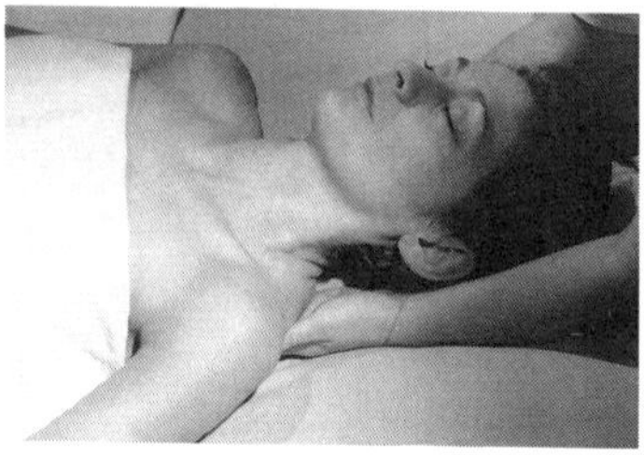

Abb. 32

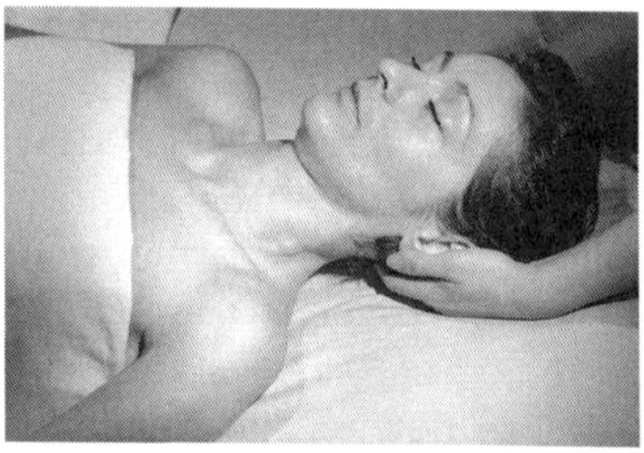

Abb. 33

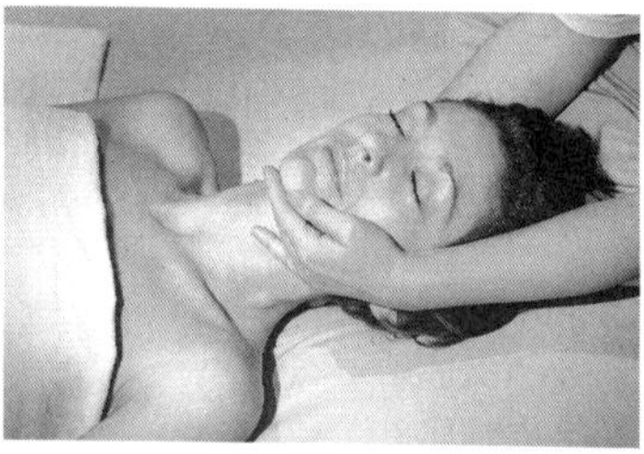

Abb. 34

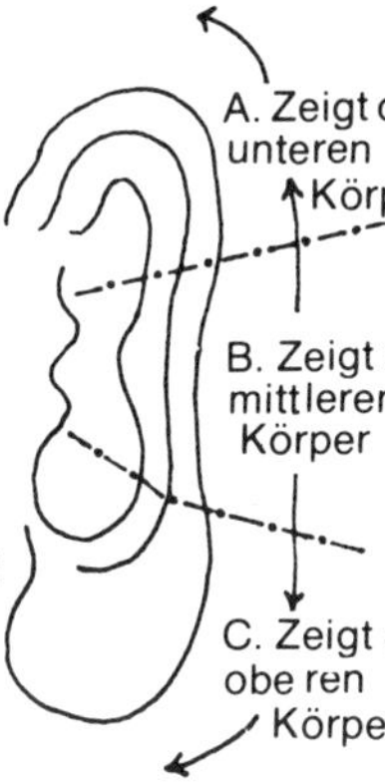

Zeichnung 2: Das Ohr repräsentiert die gesamte körperliche und geistige Beschaffenheit eines Menschen.

gerspitzen weisen zum Hals hin, der Daumen befindet sich über dem Ohr, die Ellenbogen sind nach außen gedreht. Beuge dich nun etwas vor und presse, wobei du langsam den Druck verringerst und etwas wartest, bevor du zum nächsten Griff übergehst. Achte dabei auf deinen Atem.

Nachdem du dich wiederum etwas ausgeruht hast, wandern deine Hände zu den **Ohren**. Entsprechend einem kosmischen Gesetz, wonach sich in einem Teil des Kosmos und so in jedem Teil alle die unzähligen Objekte und Prinzipien des Universums ewig in vollkommener Gesamtheit spiegeln, repräsentiert das Ohr, genau wie Auge, Hände und Füße, die ganze körperliche und geistige Beschaffenheit durch Größe, Dicke, Winkel und Aufbau.

Größere Ohren weisen auf eine gut entwickelte körperliche Konstitution hin, dickere Ohren auf eine ausgezeichnete Verdauung und einen exzellenten Knochenbau. Dünne Ohren hingegen zeigen eine schwächere Konstitution sowie Nervosität an.

Jeder der in der vorherigen Abbildung gezeigten drei Ohrbereiche umfaßt ungefähr 200 Reaktionspunkte, wovon jeder einem Teil der links in der Zeichnung genannten Systeme einschließlich der Organe, Drüsen, Gelenke und Muskeln entspricht. So erreichen wir also durch Stimulie-

rung wie Drücken, Streichen, Reiben, Zupfen, Akupunkturnadeln setzen, Kühlen und Wärmen sofort die entsprechenden Körperbereiche.
Vorerst brauchst du aber einfach nur alle Stellen am Ohr gut zu reiben, das ist schon alles. Wenn du später mehr Übung bei generellen Strichen und im gesamten Massageablauf hast, kannst du versuchen, Schwächen bei deinem Partner durch intensivere Bearbeitung dieser Reflexzonen an Ohren, Händen und/oder Füßen zu mildern.
Beginne damit, daß du mit einem oder mehreren Fingern einige Male hinter den Ohren entlangziehst. Achte dabei besonders auf das Oberteil des Ohres, wo es zur Schläfe hinweist. Arbeite nun den äußeren Ohrbogen durch, indem du ihn langsam und kräftig zwischen Zeigefinger und Daumen nimmst. Dann verfahre genauso mit dem mittleren und dem inneren Ohrbogen und ziehe danach die Ohrmuscheln ein wenig vom Kopf ab. Du kannst hier mit dem Verschließen des Ohrs durch deine Handinnenfläche enden. Verweile einige Sekunden.

Wir wenden uns nun dem **Gesicht** zu. Beginne mit folgendem Griff (dafür lege die Hand auf die Stirn des Partners): Die Handfläche zeigt in Richtung Nase. Übe keinen Druck aus.

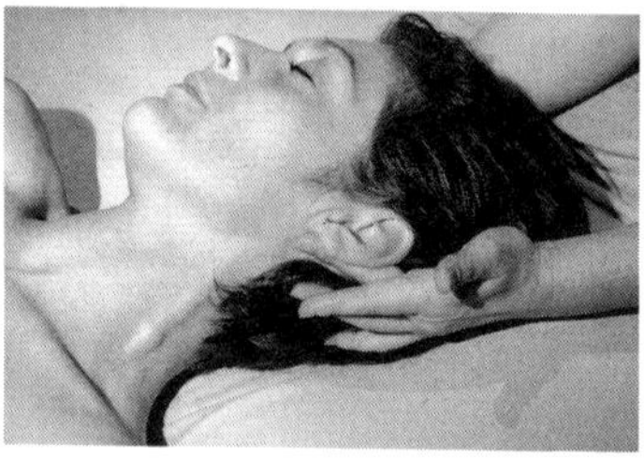

Abb. 35

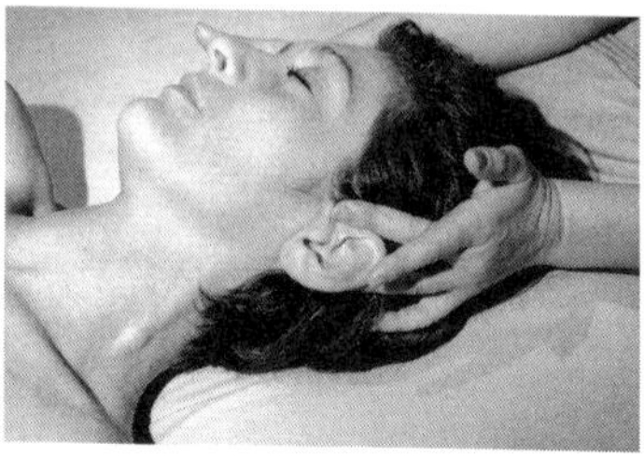

Abb. 36

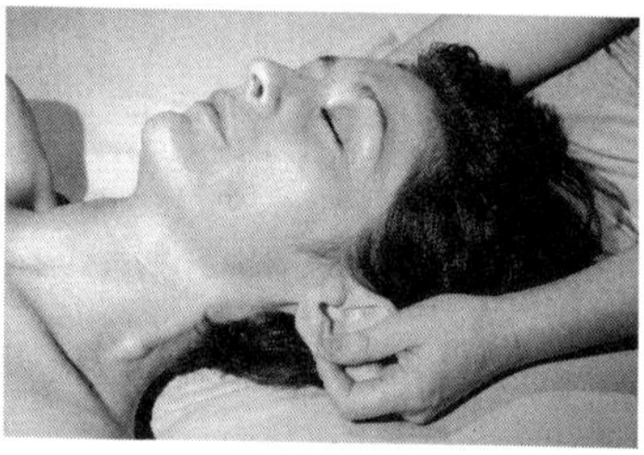

Abb. 37

Bleibe ein wenig so, damit sich der andere auf den Wechsel der Massagedynamik einstimmen kann. Dieser Griff beruhigt herrlich, besonders wenn beide Partner sowieso schon im Zustand des Sich-Erweiterns sind. Dieser

Zustand wird dann vertieft. Ziehe mehrmals die Finger bis in den Stirnansatz hoch. Setze dann beide Daumen in der Stirnmitte etwas oberhalb der Nasenwurzel an, und ziehe sie mit starkem Druck nach außen, in Richtung Ohr. Beziehe ganz bewußt die Schläfe mit ein, indem du hier die Außenfinger recht stark zueinander drückst.

Dann übst du Druck in winzigen Kreisen aus, ohne die Finger zu verrücken, und zwar mit den Mittelfingern auf einem Punkt über dem Augenlid innen am Beginn der Augenbraue kurz oberhalb der Nasenwurzel. Bleibe ein wenig dort. Es entspannt sehr und wirkt auch auf den Darm ein, der bei vielen Menschen gereizt ist. Streiche mit beiden Daumen nach auswärts einige Male über den Augapfel. Ist der andere gut entspannt und hingegeben, streiche nur leicht. Ist er gewöhnlich um die Augen sowieso angespannt, kopflastig und/oder trägt er eine Brille, kannst du es kräftiger tun. Nur bei einem Glaukom oder einer Verletzung am Auge mußt du achtsam sein.

Make-up und Kontaktlinsen sind vor der Massage abzunehmen.

Jetzt ist der »Instant-Lächel-Auflöser« dran. Gebe Daumen und Zeigefinger auf die Stellen beiderseits der Nasenmitte und fah-

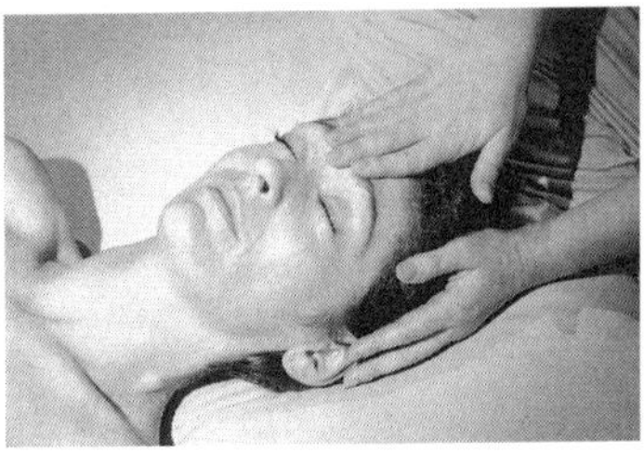

Abb. 38

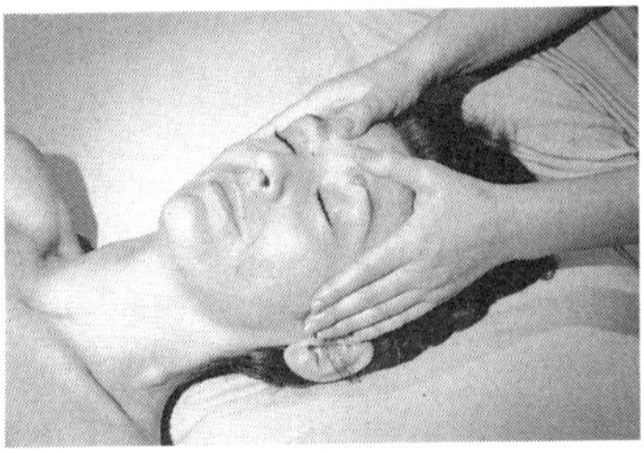

Abb. 39

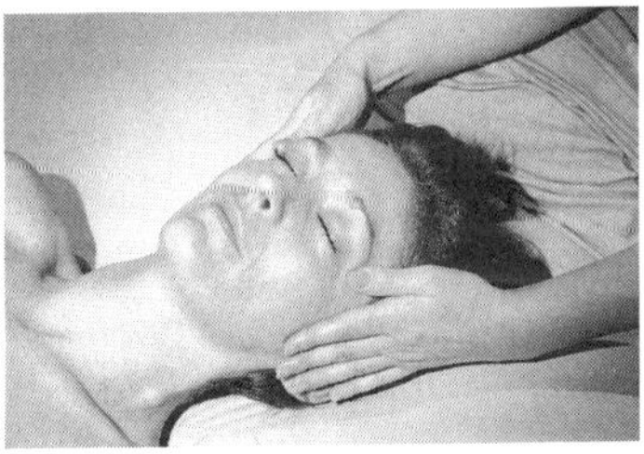

Abb. 40

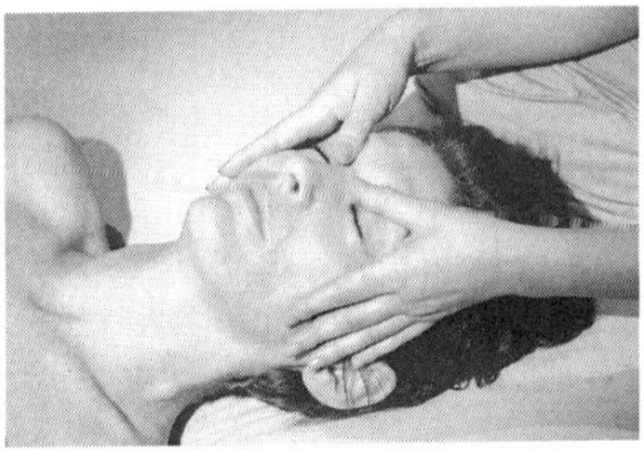

Abb. 41

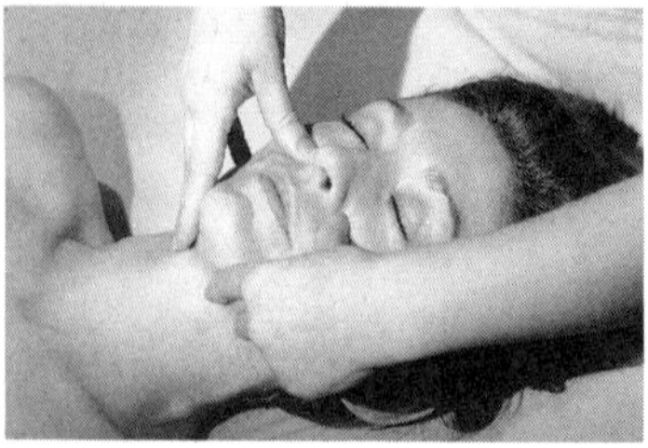

Abb. 42

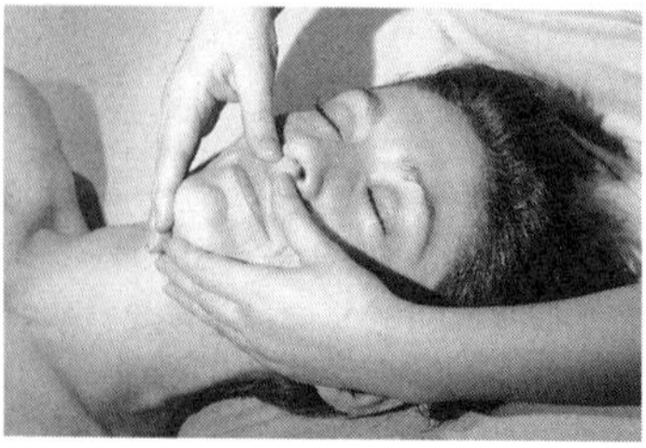

Abb. 43

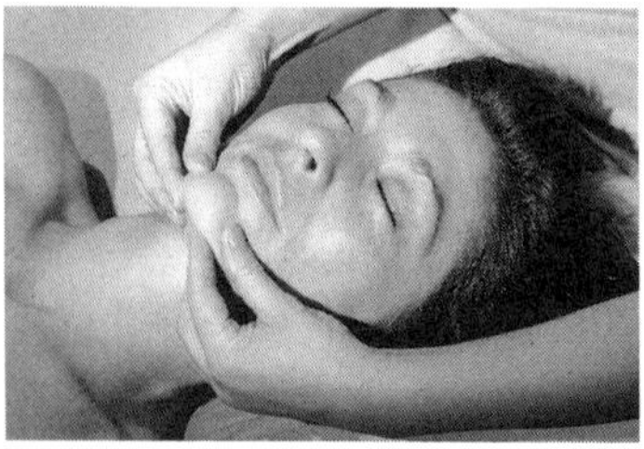

Abb. 44

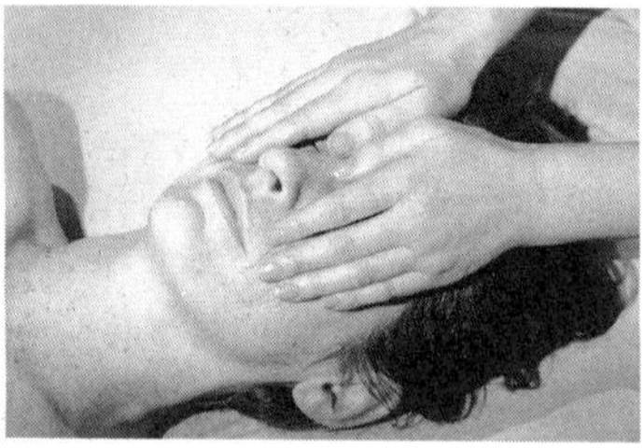

Abb. 45

re von dort mit starkem Druck immer an den Wangenknochen entlang bis zu den Mundwinkeln. Von da im großen Bogen leicht am Gesicht außen aufwärts zur Schläfe, drücke dort wieder leicht und beginne von neuem. Manchmal fühlst du auf dem Wangenknochen ein leichtes Knirschen. Da hat sich vom vielen Jasagen bereits Staub angesetzt. Der Griff wirkt befreiend, »entlächelnd«. Er macht uns bewußt, wie häufig wir Dingen zustimmen, die uns im Grunde gar nicht entsprechen.

Verfahre genauso mit der Partie oberhalb und unterhalb des Mundes. Schließe die Gesichtsbehandlung mit leichtem Kreisen auf dem Kinn ab.

Damit du eine Vorstellung davon bekommst, welche anderen Reflexzonen im Körper noch angeregt werden bei einer Gesichts- und Kopfmassage, ist auf S. 46 eine Abbildung beigefügt.

Lege zuletzt noch eine Minute oder zwei beide Hände locker auf das ganze Gesicht wie zu Anfang, bevor du dich weiter zu den Armen, dann zu Brust und Bauch bewegst.

Arme, Hände, Brust

Du beginnst immer vom Partner aus gesehen an der Vorderseite mit dem **rechten Arm** des anderen. Stelle dich bequem hin, mit deinem Gesicht zu dem deines Gegenübers, nimm den Arm mit beiden Händen am Handgelenk und schüttle ihn. Der Partner läßt den Arm möglichst locker. Die Schüttelbewegungen gehen bis hinauf ins Armgelenk. Während du schüttelst und dabei gleichzeitig selbst bewußt im Gleichmaß mit deinen Armbewegungen atmest, bewegst du dich in einem Halbkreis zum Kopf des Liegenden. Bist du oben angekommen, ziehst du den Arm der Länge nach vom Körper deines Partners weg. Dasselbe tust du noch mal von der Seite. Dann bewegst du den Arm des Daliegenden zur Zimmerdecke hin. Hebe ihn so stark an, daß die Schulter ein gutes Stück nach oben mitkommt. Das Gesicht des Liegenden verrät dir, wie gerne er diese Übung mag. Nun nimmst du den Arm, hältst ihn mit der einen Hand am Ober-, mit der anderen am Unterarm, wie in einer Wiege. Du wiegst ihn tatsächlich langsam, du atmest dabei gut, vor der Brust und dem Kopf des anderen hin und her, auf und ab. Hier zeigt sich tatsächlich, wie stark jemand im Schultergürtel verspannt ist. Verspannungen in dem Bereich weisen darauf hin, daß dieser Mensch nicht loslassen kann oder mag, seine Umwelt kontrollieren möchte. Wiege den Arm in allen möglichen Kreisen und Schleifen, vor und zurück. Nach einigen Massagen wird das Kontrollierenwollen schon nachlassen. Das wichtigste ist stets, die eigenen Verspannungen zu bemerken.

Falls starke Blockierungen vorhanden sind, kannst du dasselbe noch einmal mit dem Unterarm machen, indem du ihn auf dem Ellenbogen aufstellst und auch wiegst, soweit es eben geht.

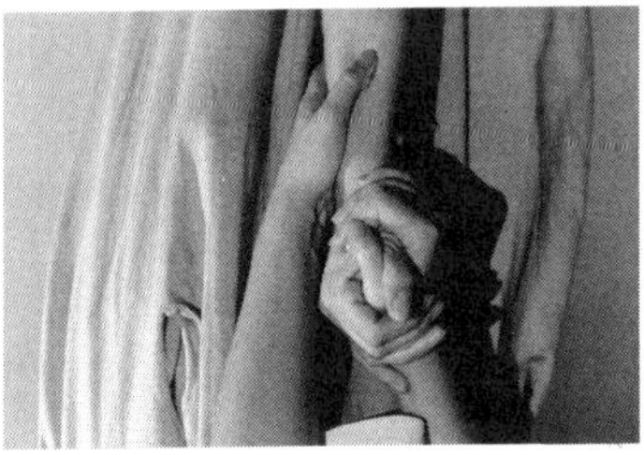

Abb. 46

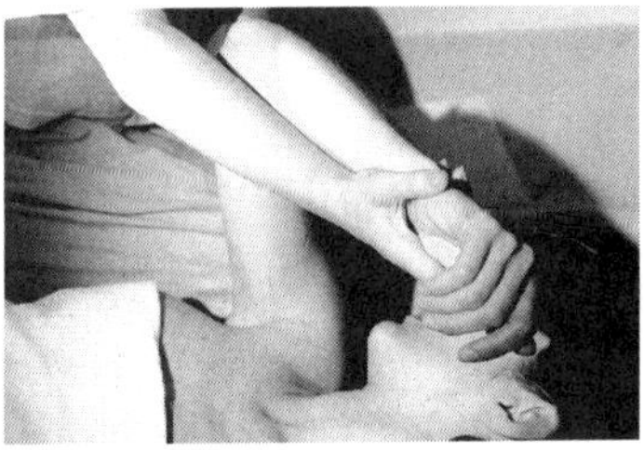

Abb. 47

Du läßt den Arm dann auf dem Ellenbogen stehen. Mit Daumen und Zeigefinger deiner beiden Hände umschließt du nun das Handgelenk und läßt die Hände pressend den Unterarm entlang zum Ellenbogen hinwandern. Die Daumen sind dabei oben, auf der Innenseite des Handgelenks des Partners. Danach massierst du die Innenseite des Unterarms strichweise und abwechselnd mit deinen beiden Daumen.

Dann hebst du mit deiner linken Hand den Arm des Lieben hoch und streichst mit deiner rechten Hand den unteren Oberarm in Richtung Achselhöhle aus. Im Vorbeigehen bekommt auch der Ellbogen innen etwas ab.

Danach legst du den Arm hin, preßt ihn mit beiden Händen, die Daumen berühren sich dabei, aufwärts bis zur Schulter. Dort angekommen streicht die linke Hand über die Schulter, während die rechte zur Achselhöhle zieht. Von da streichen beide Hände wieder den Arm entlang zurück zur Hand. Sei besonders über den Fingerspitzen ganz sanft. Es ist der übliche lange Griff, wie wir ihn bereits bei Rücken und Bein kennengelernt haben.

Es folgt nun die **Hand**. Zuerst bearbeitest du die Innenhand. Gehe in alle Ecken, bis übers Handgelenk hinaus. Hier gibt es Reflexzonen, so daß du gleichzeitig zahlreiche innere Organe anregst bzw. ausgleichst. Du drehst die Hand um und bearbeitest die zahlreichen Knöchelchen auf der Handoberfläche, besonders auch die Zonen zwischen den einzelnen Sehnen, die du gut streckst und beugst, bis hinunter zu den »Schwimmhäuten« zwischen den Fingeransätzen. Sei hier vorsichtig, sonst tut es weh.

Danach nimmst du die Hand in deine beiden Hände und beutelst sie hin und her. Dann biegst du der Reihe nach alle Finger ab, zum Handrücken hin. Es kann

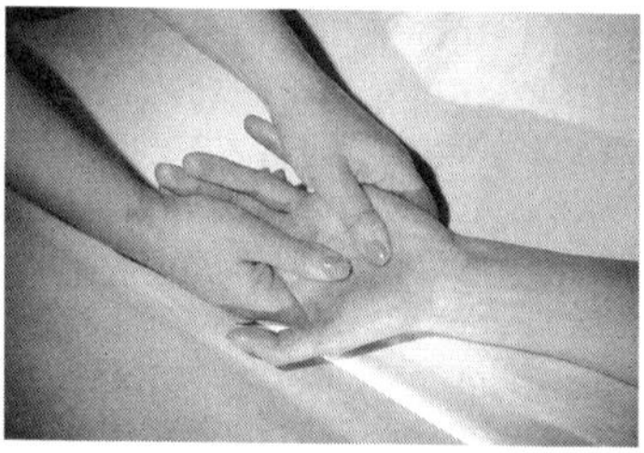

Abb. 48

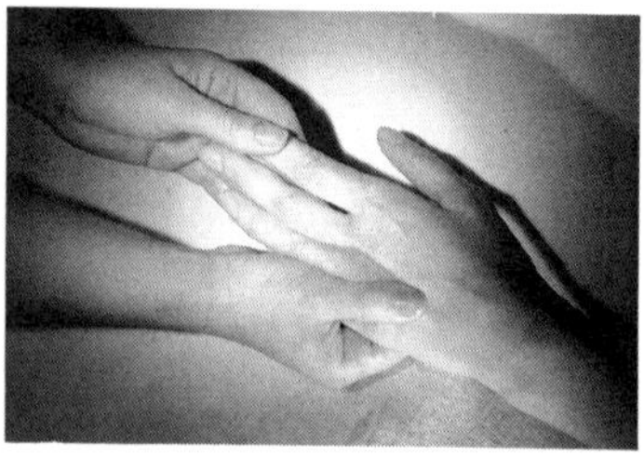

Abb. 49

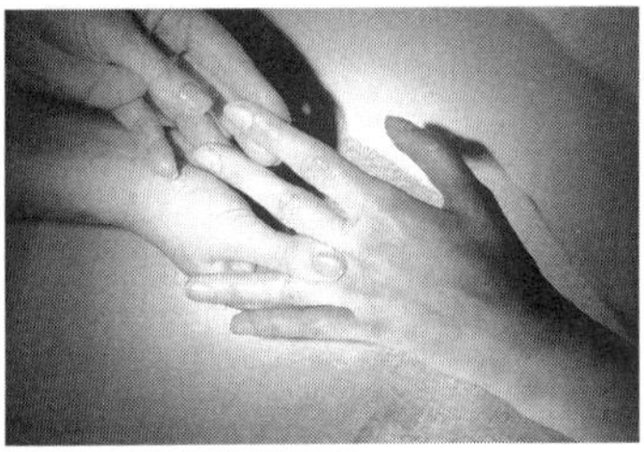

Abb. 50

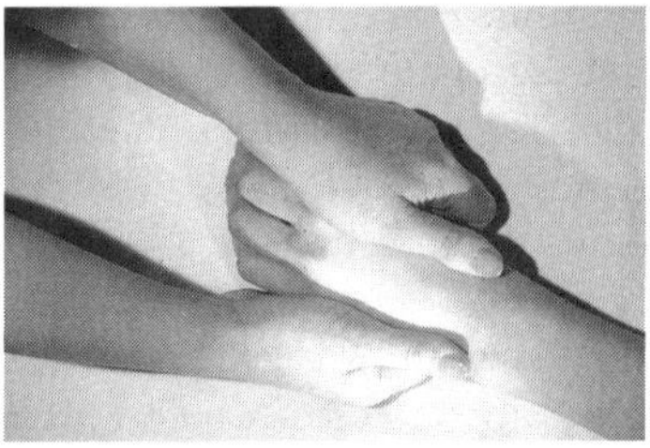

Abb. 51

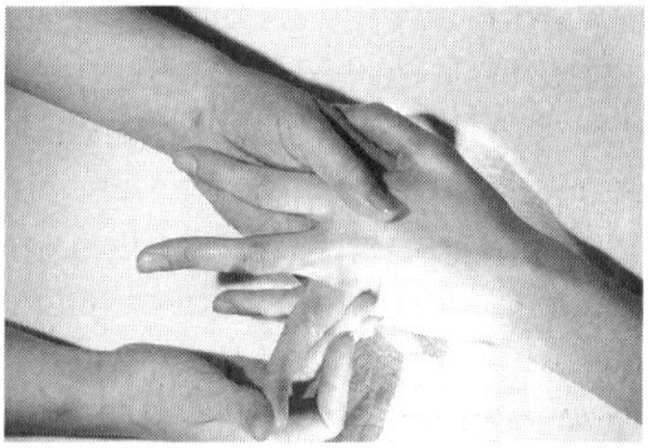

Abb. 52

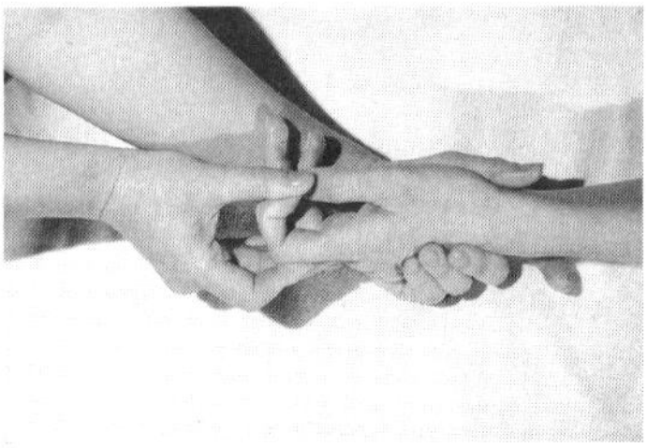

Abb. 53

ruhig ein wenig weh tun und sollte bis zu einem Winkel von 45 Grad zum Handrücken gehen, sofern die Hand in Ordnung ist. Danach werden die Finger am ersten Fingerglied einwärts gebogen, ebenfalls im 45-Grad-Winkel zum nächsten Glied. Danach rubbelst du alle Finger vom Ansatz bis zur Fingerspitze kräftig. Zum Schluß ziehst du sie etwas in die Länge. Sie müssen allerdings nicht unbedingt knakken. Drehe dabei die Finger ruhig ein bißchen hin und her. Zum Schluß nimmst du die Hand noch einmal beruhigend in deine beiden Hände, die inzwischen sicher schon heiß sind. Gemeinsam spürt ihr ein wenig dem Fluß der Energie nach.

Sei besonders lieb zu Arm, Hand und Fingern. Sie bewegen sich den ganzen Tag unentwegt und sind besonders dankbar für ein bißchen Aufmerksamkeit.

Du bleibst nun gleich an der Seite, nachdem du den Arm sorgfältig und bequem hingelegt hast, notfalls auf ein Kissen, damit er recht spannungsfrei ausruhen kann.

Du hast ihn so gelegt, daß du, wie bereits beim Rücken, rechts dazwischen knien kannst, um dich jetzt um den Bauch und die **Brust** zu kümmern. Du beginnst wie schon am Rücken, den rückwärtigen Beinen und den Armen mit dem langen Strich über den ganzen Rumpf bis hinunter zum Bauch, nachdem du alles gut eingeölt und dich auf die neue Körperpartie eingestimmt hast. Laß beim Aufwärtsstreichen die Brüste nicht aus, sei hier jedoch etwas sanfter, vor allem wenn du gerade deine Geliebte massierst. Du widmest dich einem sehr bedeutungsvollen Ort, denn hier schlägt das Herz. Du erkundest zunächst das ganze Gebiet mit leichten, zarten Fingerstrichen. Die Finger bleiben dabei stets am Körper, denn so wirst du erst einmal vertraut.

Dann streichst du die großen Brustmuskeln oberhalb der Brust von der Mitte zu den Schultern aus immer am Schlüsselbein entlang. Mach das ein paarmal und geh dann zur Seite, wo du mit der Handkante oder dem Daumen in der Vertiefung zwischen Rumpf und Armkugel arbeitest. Das stärkt den Obergrätenmuskel, der oft Schulterprobleme verursacht, die mit geistiger Müdigkeit, emotionalem Streß und Angst zusammenhängen können. Sieh dir zu dieser Übung Bild 55 näher an.

Wenn der andere irgendwelche Probleme oder beim Massieren Gefühlsaufwallungen hat, streiche die jeweilige Stelle wiederholt leicht, während das Problem immer wieder erzählt wird. Du wirst mit der Zeit genau spüren, wann es genug ist und der Partner diese Sache verarbeitet hat und sich nun ein Stück mehr mit der Welt und sich konfrontieren kann. Verlaß dich auch auf deine eigene Intuition und nicht nur auf die Reaktion des Partners. Denn der wird erklärlicherweise Widerstände beim öfteren Durchgehen des Problems haben, weil ihm natürlich Herz und Seele weh tun.

Geh dann weiter zu den Zwischenbrustbereichen. Spüre hier die zwischen den Rippen liegenden Schlacken auf und streiche sie mehrere Male zu den Brust-

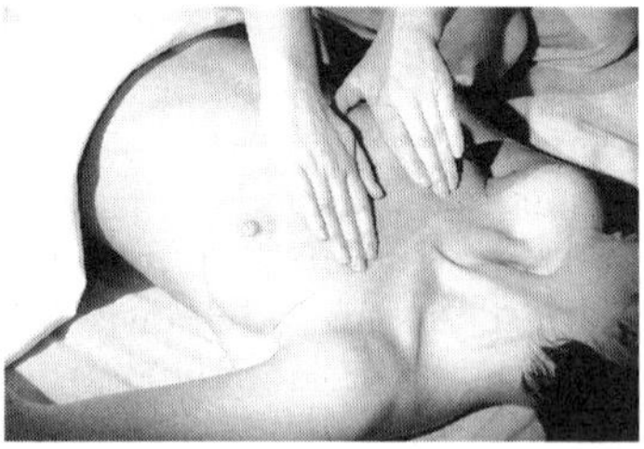

Abb. 54

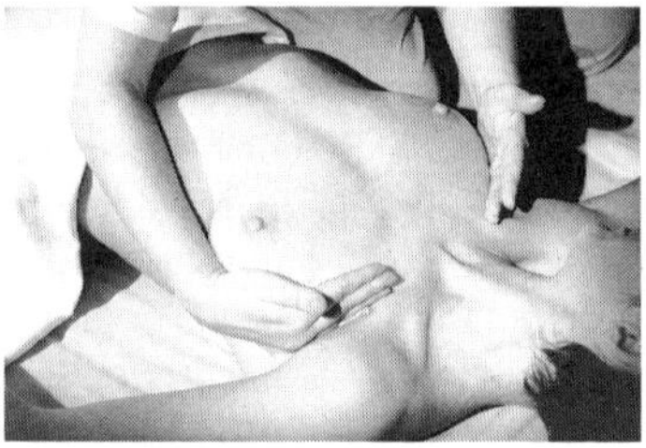

Abb. 55

warzen hin aus. Bei Frauen solltest du nicht zu weit zu den Brustwarzen hin ausstreichen, sonst schmerzt es.
Als nächstes trommle kräftig mit den Fingerspitzen etwas oberhalb des Herzens. Das regt die Thymusdrüse an, die hier das Energiezentrum regiert. Sie ist bei Erwachsenen normalerweise verkümmert, möglicherweise durch unsere Zivilisation verursacht.
Laß deine Hände zum Schluß ein wenig auf dem Herzen verweilen.

Bauch, vordere Beine, Füße

Nach einem großen Vorderseitenstrich, den wir nun schon gut kennen, gehst du zum **Bauch** über. Das Bauchkreisen sieht sich etwas kompliziert an. Nachdem du genügend Öl aufgenommen hast, legst du beide Hände nebeneinander auf den Bauch. Sei vorsichtig, denn wir bieten nicht so ohne weiteres unsere Weichteile dar, denn sie sind unsere verletzlichsten Teile. Nach alter japanischer Deutungsart entspricht der Bauch dem Gehirn, der Darm, besonders der Dünndarm, nimmt die physikalische Umgebung auf, also gröbere Schwingungen. Die nichtphysikalische, feinere hochfrequentere Schwingung wird durch das Gehirn aufgenommen.
Mit dem Bauch hat so gut wie jeder Probleme. Manche Menschen wissen das noch nicht einmal. Wir denken auch mit dem Bauch. Die Gedärme sind ein äußerst feines Meßinstrument für Schwingungen. Was immer in uns und außerhalb vor sich geht, wird registriert. Am Ende ist bei manchen Menschen hier sogar das Energiezentrum, der Solarplexus und oft auch die beiden anderen darunterliegenden, das Sexchakra und das Überlebenszentrum geschlossen, um sich vor der Fülle der negativen Erfahrungen, die heutzutage zu verarbeiten sind, zu schützen. Denn wer will schon immerzu Schmerz leiden? Wenn der Mensch sich verschließt, äußert sich das als Verkrampfung. Die Stärke der Verkrampfung bestimmt sich nach der Sensibilität des jeweiligen Menschen. Kinder z. B. haben leicht Bauchweh, wenn der Familienfrieden in Gefahr ist. Sind die Zentren jedoch geschlossen, spüren wir nichts. Das heißt, wir spüren zwar keinen Schmerz, aber ein dumpfes Gefühl bleibt, jedoch um den Preis, daß wir überhaupt nichts mehr spüren. Die Aufgabe in dem jetzigen Abschnitt unserer Menschheits- und Bewußt-

seinsgeschichte ist zu lernen, alles zu spüren, die Chakren offenzuhalten, indem wir konfrontieren, d.h. der Beobachter bleiben. Durch diese »bewußte« Haltung kommt kein Schmerz zustande, wir brauchen uns nicht zu verkrampfen und lernen gleichzeitig, besser zu sehen, die Welt zu verstehen. Die anderen zu verstehen, heißt auch, sich selbst erkennen.

Diese Haltung kann durch bestimmtes Körpertraining und durch Übungen in der Art des Sich-Erweiterns erreicht werden.

Ich möchte hier nur wenigstens darauf hinweisen, daß, wer Gutes von sich geben will, auch Gutes zu sich aufnehmen sollte. Und das heißt ganz konkret, daß ihr auf eine gute Ernährung achten solltet.

Aber kehren wir zur Massage zurück. Die Übung für den **Bauch** verläuft ähnlich wie die beim seitlichen Rücken. Deine Hände liegen eine Zeitlang still und aufmerksam nebeneinander, flach auf dem Bauch. Dann fährt die Rechte, ganz langsam über den Bauch ziehend und die Finger tief eindrückend, zu dir hin, während die Linke gleichzeitig abhebt und, dieselbe Bewegung der Rechten dann nachvollziehend, nicht wie die Rechte beim Blinddarm aufhört, sondern

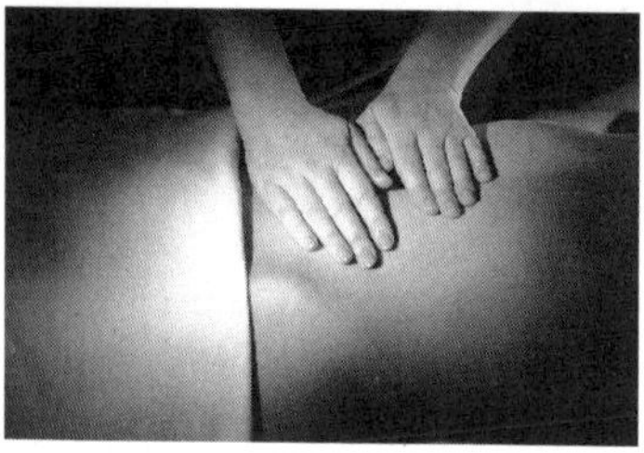

Abb. 56

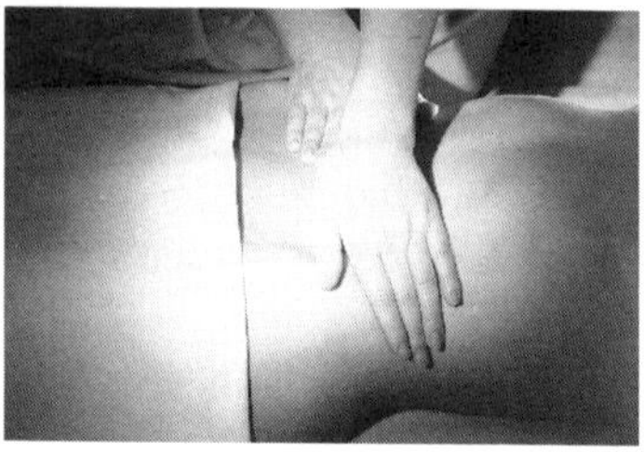

Abb. 57

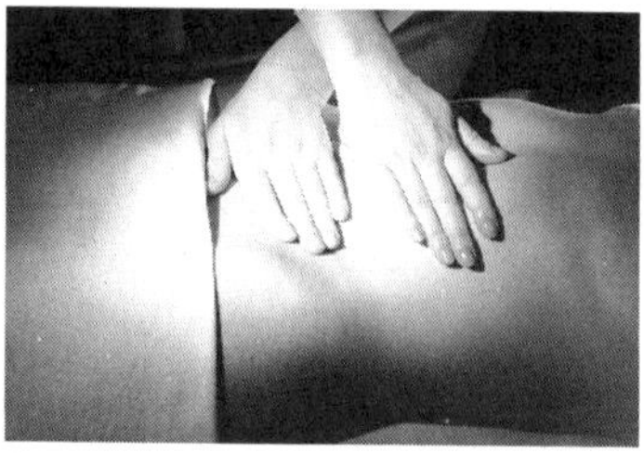

Abb. 58

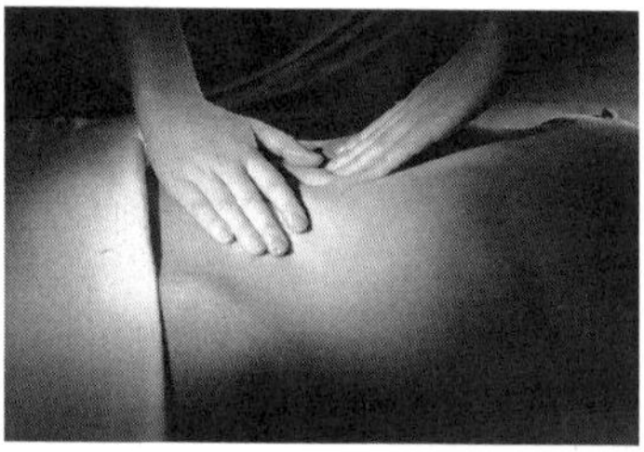

Abb. 59

kreisförmig noch weiter nach oben zieht. So entsteht durch beide Hände eine beinahe runde Bewegung um den Bauchnabel im Uhrzeigersinn, die der Anordnung der Därme, speziell des Dickdarms, folgt. Dieses Bauchkreisen kann ruhig fünf Minuten oder gar länger dauern. Geh zum Schluß sehr vorsichtig tiefer. Achte dabei auf die Reaktion des Partners, denn im Bereich des Dünndarms um den Nabel herum kann es wirklich sehr weh tun. Verkrampfungen und Entzündungen hier lassen sich besser durch geistige Entspannungsübungen als durch kräftiges Massieren beheben, neben entsprechender Ernährung natürlich.

Vom Bauch gehst du etwas nach oben zu den Rippenrändern und drückst dort ein bißchen unter den letzten Rippenbogen. Rechts sitzen Milz, die den Körper immun hält, und Bauchspeicheldrüse, die Insulin und damit Energie produziert. Drücke kräftig und ermuntere den Partner immer wieder, dich hereinzulassen, indem er gut atmet und sich nicht gegen die Massage sträubt. Du regst so die Arbeit dieser Organe an und entschlackst sie.

Nun verfährst du genauso am anderen Rippenbogen links, wo sich Leber und Galle befinden. Hier sitzt häufig aufgestauter Ärger. Heraus damit! Von hier gehst du über zur Seite und machst dieselbe kreiselnde Bewegung wie beim Rücken bereits beschrieben.

Zum Schluß kannst du noch den Schambeinrand von oben her drücken. Das tut vor allem Männern manchmal weh, entspannt dann aber sämtliche Unterbauchorgane. Greife jetzt noch einmal mit allen Fingern in das Weiche um den Bauchnabel und hebe die Bauchdecke hoch. Achte darauf, daß deine Fingernägel kurz geschnitten sind und nicht kratzen.

Du rutschst nun weiter hinunter zum **Bein**. Hier führst du wie

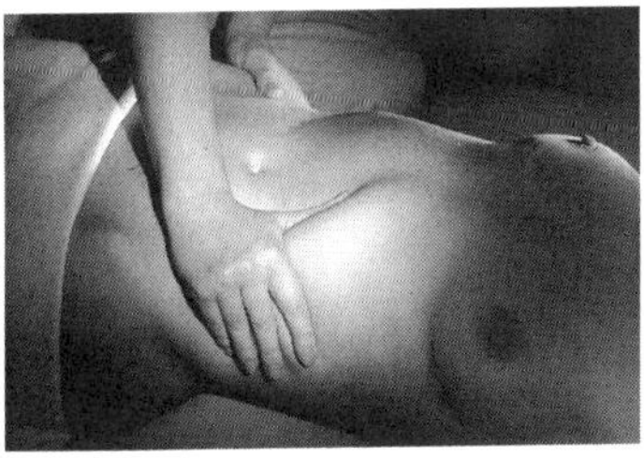

Abb. 60

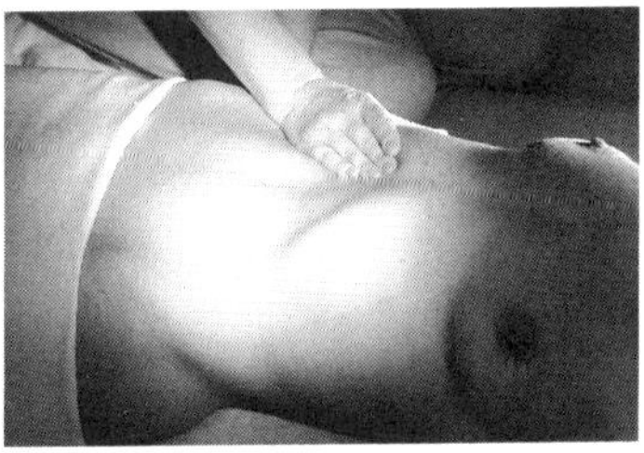

Abb. 61

immer zu Anfang erst einmal den üblichen weiten langen Strich wie bei der Beinrückseite bis hoch über die Leisten aus. Die Beine des Liegenden sollten dafür etwas gespreizt sein. Führe diesen Strich ruhig mehrere Male aus, du wirst genau spüren, wann es genug ist. Deine Bewegung sollte langsam, gleichmäßig und bewußt sein. Übe, außer in der Gegend des Knies, überall kräftigen Druck beim Hinaufmassieren aus, sei jedoch federleicht mit den Fingerspitzen beim Hinabgleiten.

Ein Tip zum besseren Wahrnehmen: Wenn du deinen Partner massierst, verführt gerade dieser Strich zum gewohnten Hinaufgleiten zu den Genitalien, um sie zu berühren.

Ihr könnt natürlich diesem Wunsch nachkommen. Es kann jedoch auch als schön empfunden werden, wenn man nur nahe bei den Genitalien gestreichelt wird und wenn den sonst nicht so sehr beachteten Stellen mehr Aufmerksamkeit gezollt wird. Ihr könnt gänzlich neue Wahrnehmungen und Empfindungen haben und erfahrt einander auf diese Weise vollständiger. Laßt es weniger um vordergründige Erregung und Sex, sondern mehr um feinere Energien und Liebe gehen. Es geht weniger um Habenwollen als letzten Endes darum, sich selbst im anderen verstehen zu wollen. Gebt euch einander hin. Seid aber auch nicht zerknirscht, wenn die Massage sich in Sex auflöst. Genießt es und schaut, wie es das nächste Mal wird. Ungeahnte Entdeckungen warten auf euch.

Du widmest dich jetzt ausgiebig dem Oberschenkel, denn hier sitzen gern enorme Verspannungen, da über den Knien die Energie oft angestaut wird. Du fährst wie schon beim rückwärtigen Bein, mit beiden Handknöcheln vom Knie aufwärts den Oberschenkel an der Innen-, Ober- und Außenseite hoch. Achte auf die Reaktionen des Partners, es

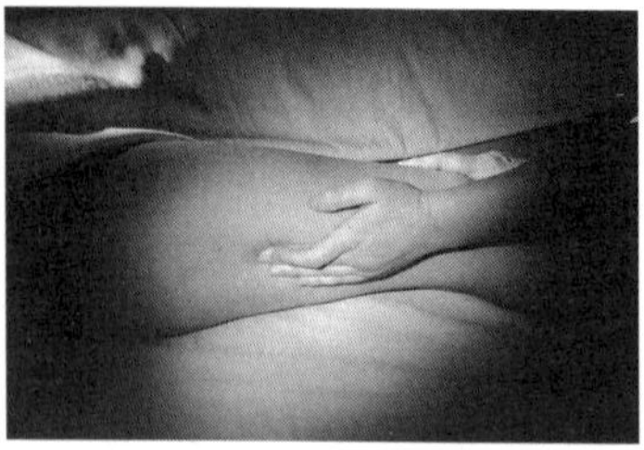

Abb. 62

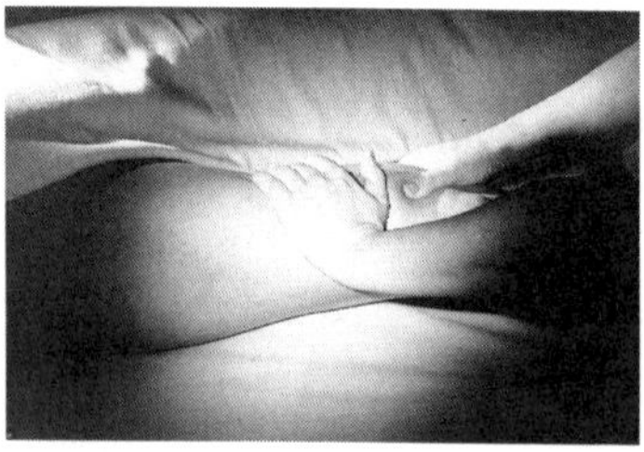

Abb. 63

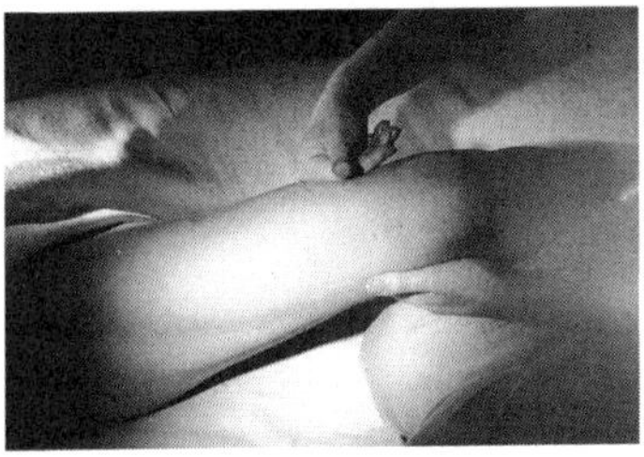

Abb. 64

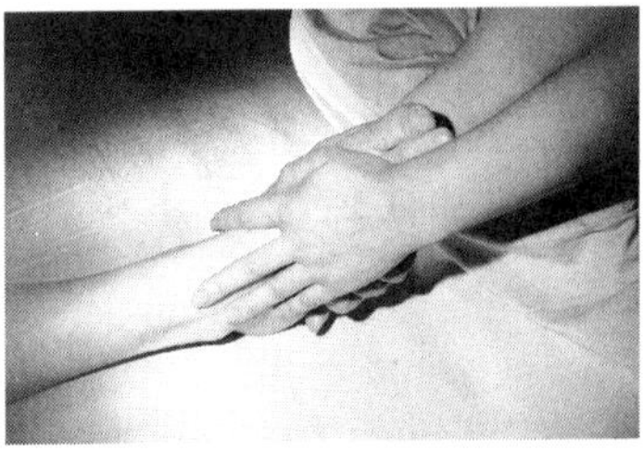

Abb. 65

kann recht weh tun. Der Knöcheldruck muß daher gut dosiert werden, denn zuviel Druck erzeugt nur zusätzliche Verspannungen.

An der Seite, auf halber Höhe zwischen Hüfte und Knie, sitzt ein Punkt, der es in sich hat und den ich den Wutpunkt nenne. Du mußt ihn mit Hilfe des Partners zu erspüren suchen. Der andere weiß genau, wann du diesen Punkt berührt hast, denn es tut gerade Massageneulingen meistens sehr weh. Verweile ein wenig an dieser Stelle. Der Schmerz hat mit unterdrückten Gefühlen zu tun und läßt bald nach. Streiche mit der flachen Hand zurück nach unten. Laß den Partner dabei gut atmen, das lindert den Schmerz und entspannt sehr.

Ein weiterer äußerst angenehmer Griff, bei dem man sich mit Fingern und Handballen beider Hände nach oben arbeitet, ist besonders für die Knieinnen- und Oberschenkelseite gedacht. Fasse in das weiche Gewebe hier und schlängle dich hinauf, die Haut dabei ein wenig abziehend. Da diese Übung schwierig zu beschreiben ist, sieh bei Bild 63 nach.

Alle schwierigen Griffe, und es gibt noch sehr viel mehr Griffe, als hier gezeigt sind, könnt ihr euch ja in einem Massagekurs noch besser aneignen.

Dann hebst du das Bein in Kniehöhe ein wenig hoch und läßt es auf deinem Oberschenkel ruhen. Etwas oberhalb des Knies an der Oberschenkelinnenseite gibt es eine handgroße, meist etwas wabbelige Stelle, die bei Druck weh tun kann. Drücke da mit Vorsicht hinein, das verbessert das sexuelle Empfinden und Genießen. Du kannst den Griff auch sanft ausdehnen zu einem Strich bis hinauf zu den Genitalien.

Nun umrundest du einige Male das **Knie**, indem du mit den Fingern alle Unebenheiten nachspürst. Rubble auch zum Abschluß das Knie ganz kräftig zwischen den Handflächen, die du seitlich anlegst. Das belebt das Gelenk und somit den Energiefluß, der dort gewöhnlich stockt. Das, wie auch ein starkes Drükken, mögen übrigens alle Gelenke. Du gehst nun weiter zum Unterschenkel, mit dem nichts weiter zu tun ist, als an ihm beidseitig mit je einer Hand ein paarmal entlangzufahren. Komme jeweils leicht federnd streichend zurück nach unten. Bevor du nun am Fuß weitermachst, streichst du das ganze Bein noch einige Male zum Fuß hin aus. Am Fuß nun gibt es wie an Ohren und Händen Reflexzonen zu allen Körperteilen hin. Werde zum Schluß hin mit dem Ausstreichen immer sanfter und schwebender.

Den **Fuß** nimmst du erst einmal nur liebevoll einige Atemzüge lang in deine warmen Hände. Dann umrundest du mit den beiden Zeigefingern den Knöchel und bewegst dich auf die Zehen zu. Auf dem Vorderfuß fährst du, den Daumen nach oben und Zeigefinger auf dem Ballen, mit kräftigem Druck zwischen den Sehnen bis zu den Zehenzwischenräumen hinab. Schüttle deine Hände zwischendurch immer wieder aus, um sie von aufgenommenen Energien zu befreien. Du wirst mit der Zeit genau spüren, wann das nötig ist.

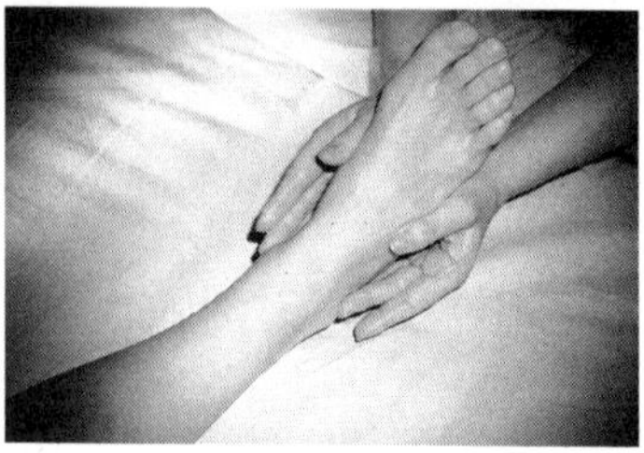

Abb. 66

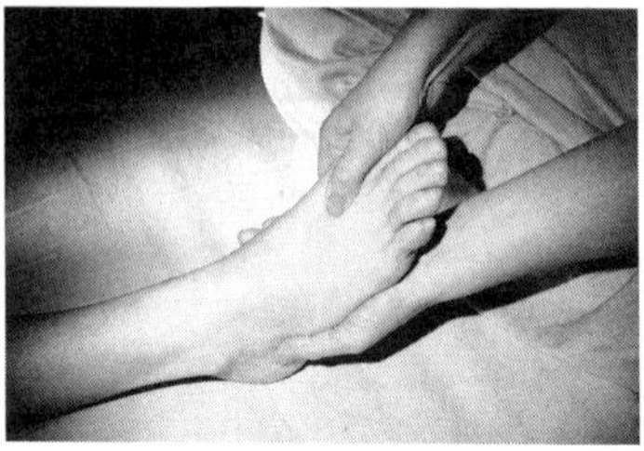

Abb. 67

Jetzt drückst du die Zehenzwischenräume, die »Schwimmhäute« selbst. Dort sitzen Lymphdrüsen, die mit der Entgiftung zu tun haben. Du unterstützt diesen natürlichen Prozeß. Umfasse danach die Zehen, besonders den kleinen Zeh und den daneben, einzeln mit Dau-

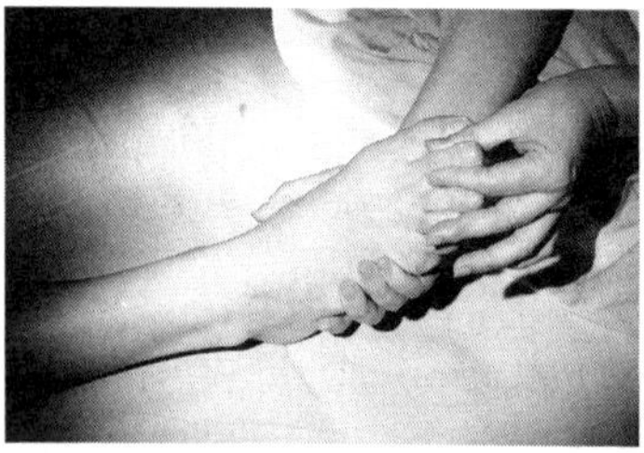

Abb. 68

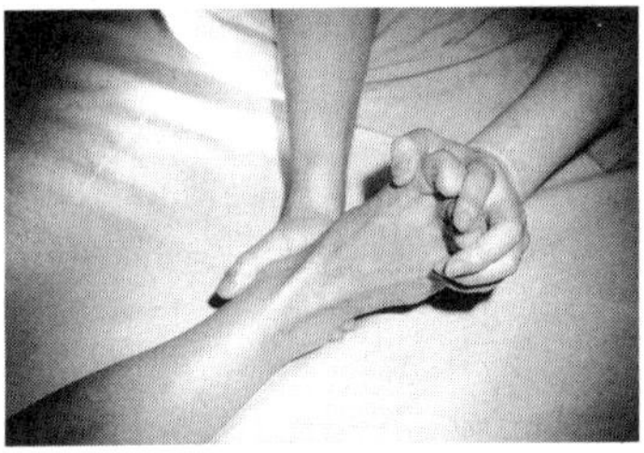

Abb. 69

men und unterem Zeigefinger. Drehe und drücke sie ein bißchen. Es muß allerdings nicht knacken. Streiche zwischendurch öfter vom Knie zu den Füßen, das wirkt ausleitend und anregend. Beweg den Vorderfuß mit beiden Händen hin und her und lasse das Fußgelenk kreisen.

Nun wendest du dich der Fußsohle zu, die du gut mit den Knöcheln und Daumen bearbeiten kannst. Arbeite dich systematisch über die ganze Fläche hin voran. Gibt es hier besondere Schmerzpunkte, kannst du dich im Kapitel »Fußreflexzonenmassage« über die Ursachen näher erkundigen.

Du wechselst nach einem letzten Strich über das ganze Bein zum anderen Fuß und arbeitest dich an der anderen Seite am Bein mit denselben Griffen wieder nach oben.

Vergiß nicht die Leistengegend, (das ist da, wo Rumpf und Beine zusammenstoßen), denn auch hier sitzen Lymphdrüsen, die je nach Art der Ernährung und bei starkem seelischem Druck arg weh tun können. Sanftes Pressen hier hilft ihnen, besser zu arbeiten.

Du bewegst dich nun noch weiter nach oben, wo du die linke Seite, wie zuvor beschrieben, vornimmst und den vorderen Rumpf mit einigen großen Strichen über Bauch und Brust abschließt.

Dann kommt noch der übrige Arm, auch wie bereits beschrieben, an die Reihe, falls du ihn nicht schon nach dem Gesicht zusammen mit dem rechten Arm behandelt hast. Nun bist du fertig. Löse dich langsam. Decke den Partner, wenn nötig, sanft zu, und streiche, wie beim Rükken, den ganzen Körper bis zu den Füßen herunter und wiederum vom Schambein bis zur Kehle leicht zurück, um die dort befindlichen Hauptenergiebahnen zu aktivieren.

Schließe ab, indem du dich zu Füßen des Partners niederläßt und sacht eine kleine Weile seine Zehen hältst. Damit ist die große Körpermassage beendet.

Schüttle nun deine Hände tüchtig aus, manchmal wird auch Waschen nötig sein, und mach es dir selbst bequem. Wenn die Massage viel gelöst hat, kannst du ein bißchen Salbei verbrennen. Das reinigt die Atmosphäre. Laß den anderen eine Weile allein, er ist nun sehr offen und braucht dieses Nachsinnen und Genießen. Und auch du möchtest dich bestimmt ausruhen. Vor allem deinem Bauch wird es guttun, sich zu entspannen. Deshalb lege dich nun ebenfalls etwas hin. Schön ist es, wenn nach solch einer langen Massage etwas Heißes oder einfach Mineralwasser zum Herausspülen der durch das Massieren gelokkerten Stoffwechselschlacken bereitgestellt wird. Hört der Musik, der Stille und dem gemeinsamen Schweigen zu. Es wird euch viel über euch selbst und über einander sagen.

Vielleicht wollt ihr euch nach einer Weile zusammenlegen, und es wird schöner sein als sonst.

Bevor wir nun zu einigen technischen Details weitergehen, sei hier noch eine stichpunktartige Liste mit den behandelten Griffen eingefügt. Sie hilft euch, wenn ihr nach zwei oder drei Massagen die Griffe besser im Kopf habt. Ihr braucht dann nicht mehr unnötig lange im Text zu blättern, sondern könnt euch die kurzen Erinnerungen, die ihr braucht, von der Liste holen, bis ihr auch darauf verzichten könnt. Es ist in der Liste vermerkt, wo es Fotos gibt. Übrigens empfehle ich, die Griffe der großen Massage gleich zu probieren, denn Griffe lassen sich in der Praxis leichter erlernen.

Liste für die gesamten Griffe der großen Massage

(Die Zahlen in Klammern beziehen sich auf die Abbildungen.)

	Griff	Foto	
Rücken, Gesäß, rückwärtige Beine			Beginn: Bekannt machen: Hände verweilen auf dem Steißbein
	1	(1–4)	Langer Rückenstrich, das Steißbein hoch zum Nacken, Schultern umrunden, an den Seiten herab.
	2	(5)	Mit einer Hand rund um den Hüftknochen seitlich abwärts bis zur Unterlage
	3	(6)	Liegende Achten auf dem Steißbein
	4	(7)	Nierenpresse mit Daumen und Ballen
	5	(8)	Dann Faust, dasselbe mit Knöcheln
	6	(9)	Wirbelsäulentasten nach oben
	7	(10)	Ein V beiderseits der Wirbelsäule nach unten
	8	(11)	Die langen Rückenmuskeln beiderseits der Wirbelsäule hinauf
	9	(12)	Halswirbelkreisen (der siebte Halswirbel, der hervorstehende)
	10	(13)	Die Nackenwirbel bis zum Schädel hinauf, beide Halsmuskelstränge
	11	(14)	Seitlich davon die verspannten »Kügelchen« drücken
	12	(15)	Musculus subscapularis: unter das Schulterblatt gehen
	13	(16)	Die rechte Seite; Handkreiseln
	14	(17)	Ausstreichen mit den Unterarmen
	15	(18)	Rückenklopfen
	16	(19, 20)	Musculus gluteus maximus: das Grübchen im Po, mit dem Ellbogen oder mit dem Knöchel
	17	(21, 22)	Langer Beinstrich, wie am Rückenbeginn
	18	(23)	Oberschenkel mit dem Knöchel hinauf, mit den Fingerspitzen hinab
	19	(24)	Wade mit beiden Daumen
	20		Gesamtkörper ausstreichen stehend, vom Gesäß den Rücken hinauf aktivieren

	Griff	Foto	
Kopf, Hals Nacken Gesicht	21	(25)	Umdrehen Hals, Seitenmuskeln mit Daumen
	22	(26)	Kralle Kopfhaut
	23	(27)	Nackenmuskeln pressen, von der Unterlage nach oben
	24	(28)	Kopf heben, senken, leicht drehen
	25	(29, 30)	Schultern fußwärts federn und die »Kügelchen« nochmals drücken
	26	(31–33)	Hände unter Schultern geben und hochheben, gegen Wirbel drückend, dabei langsam nach oben bis in die Halswirbel ziehend
	27	(34)	Kopf abziehen
	28	(35–37)	Ohren hinten, vorne, Ohrmuscheln
	29	(38–40)	Stirn ausstreichen, zum Haaransatz hin zu den Schläfen mit beiden Händen
	30		Augenpunkt innen am Augenbrauenbeginn an der Nasenwurzel
	31	(41)	Augenlider
	32	(42, 43, 44)	»Lächelauflöser«, Oberkiefer, Unterkiefer
	33	(45)	Handauflegen, ganzes Gesicht
Arme	34	(46)	Arme hochziehen, nach oben und außen, leichtes Schütteln, langer Armgriff wie am Rücken
	35	(47)	Arm wiegen
Hände	36	(48)	Hand innen mit beiden Daumen
	37	(49–53)	Handrücken, Sehnen, Zwischenräume ausstreichen, »Schwimmhäute«, Fingerziehen und abbiegen, Handquetschen
Brust	38		Hände liegen still zwischen Brust und Schlüsselbein
	39		Langer Griff über die Vorderseite wie beim Rücken, am Schambein beginnend
	40	(54)	Brustmuskeln auf dem Herzen nach außen ausstreichen
	41	(55)	Mit Handkanten in Armkuhle beidseits
	42		Thymustrommeln

	Griff	Foto	
Bauch	43		Hände reiben, bis sie heiß sind, dann still auf den Bauch legen
	44	(56–59)	Bauchkreisen
	45	(60)	Milzdrücken
	46	(61)	Leberdrücken
	47		Seitenkreiseln, beide Hände wie zuvor am Rücken
Bein	48		langer Strich wie am Rücken
	49		Oberschenkel mit Knöchel hoch, Fingerspitzen oder flache Hand zurück wie zuvor
	50	(62)	Wutpunkt an der Seite auf halber Höhe zwischen oberem Beckenrand und Knie
	51	(63)	Schlängelgriff Oberschenkel innen
	52	(64)	Kneten der weichen Stelle (Sexualität), knien neben dem Knie, Bein aufs eigene Knie legen
Fuß	53	(65, 66)	Liebend in beiden Händen ruhen lassen und dann, um beide Fußknöchel streichend zum Fußrücken
	54	(67)	»Zwischensehnen am Fußrücken«
	55		»Schwimmhäute« (Lymphdrüsen) wie zuvor
	56	(68, 69)	Zehendrücken, Fußkreisen. Am anderen Fuß, Bein hinauf. Wechseln zum anderen Fuß, vorher eventuell noch Pressen beider Leisten. Seitenkreiseln Rumpf andere Seite. Gesamtkörper ausstreichen, Aktivieren, Ende.

Worauf bei einer Massage sonst noch geachtet werden kann

Wenn du die große Massage schon einige Male geübt hast und dir die praktische Seite einigermaßen geläufig ist, wenn die Griffe sitzen, dann bist du nun aufnahmefähig für ein paar weitere kleine Informationen.

Die *innere Haltung*, mit der du an den Partner, der eine Massage bekommen soll, herangehst, ist ungemein wichtig. Überhaupt haben die scheinbar nebensächlichen und unsichtbaren Dinge auf jede menschliche Handlung einen ungeheuren Einfluß. Über die innere Haltung wurde bereits im Kapitel vor der großen Massage gesprochen. Achte in deiner äußeren Haltung immer darauf, daß du eine gerade Wirbelsäule hast. Das kann die erste Zeit sogar lästig sein, weil wir nicht daran gewöhnt sind, darüber nachzudenken und unsere Aufmerksamkeit auf unseren Körper zu lenken. Außerdem ist unsere Haltung gewöhnlich wenig aufrecht, müssen wir uns doch im täglichen Streßdschungel irgendwie durch alles mögliche hindurchschlängeln. Das fördert keineswegs die Aufrichtigkeit der Menschen untereinander. Eine gestreßte Wirbelsäule geradezuhalten, kann in der ersten Zeit schon weh tun. Doch könnte es sich lohnen, ehrlich zu werden, Rollen und Versteckspiele aufzugeben! Auf längere Zeit gesehen kommen wir damit weiter und tun gleichzeitig auch etwas für unsere Mitmenschen.

Halte dich also beim Massieren immer aufrecht, so kann die Energie besser von oben durch die Wirbelsäule einfließen, von wo sie dann verteilt wird, an die Arme, nach innen usw. Achte auch darauf, wie du deinen Partner hältst. Das Halten des anderen ist genauso ausschlaggebend für das Gelingen einer Massage. Es verlangt fortwährende, spannungslose Konzentration, denn wenn du an der Seite des genüßlich entspannt Liegenden unkonzentriert hin- und herrutschst, ihn bald da und bald dort unsicher anfaßt, ihn gar noch unabsichtlich anstößt und mit den Decken herummachst, weil du aus Unsicherheit nervös bist oder aus anderen Gründen unkonzentriert, kann nichts aus der Massage werden. Solche Dinge kommen jedoch immer wieder vor, weil man sich noch auf die Griffe konzentriert. Bewege dich gleitend, sanft und leise. Alles soll wie in einem weichen Fluß möglichst ohne Unterbrechung geschehen. Wenn du jedoch Griffe vergißt, rege dich nicht auf. Das braucht etwas Zeit, bis es richtig sitzt. Mache einfach weiter, Streicheln ist auch schön, es geht ja um Begegnung. Laß also jede Berührung eine liebevolle Berührung sein. Dein Körper und der des Partners werden es dir danken.

Achte auf deine Gedanken und Gefühle. Laß alles Negative beiseite und bitte auch den Liegenden darum abzuschalten. Das Maß an Liebe, mit dem du deinem Partner begegnen kannst, wird über die Qualität deiner Massage entscheiden. Schließlich können Genuß und Heilung nur im Zustand der *Entspannung* geschehen. Während diese Entspannung stattfindet, können verschiedene *Störungen* auftreten. Halte bei Kitzligkeiten den Liegenden zum Atmen an. Er soll erst schnell und heftig durch den Mund atmen. Mit abnehmender Kitzligkeit kann er dann zu langen und ruhigen Atemzügen übergehen. Verfahre ebenso mit Schmerz. Falls bestimmte Stellen zu sehr angstbesetzt sind und daher nicht genügend entspannt werden können, laß sie in Ruhe. Beunruhige dich auf keinen Fall, bleib in ruhiger Liebe an der Seite des Partners. Treten plötzlich Kreuzschmerzen auf, kann es sich auch um unbewußte Widerstände gegen das Berühren handeln, nach dem widersprüchlichen Motto »Komm her, berühr mich bloß nicht!«. Laß den Partner atmen und zittern, wenn ihm dieses Zittern gelingt. Zuerst kann es sich bewußt vollziehen, dann wird es bald von allein und zarter geschehen. Die Spannung baut sich dann ganz automatisch ab.

Das Schütteln kann sich über den ganzen Körper ausbreiten und recht konvulsivisch werden, es kann sogar von Zähneklappern begleitet sein. Vermittle dem Partner nur ein untrügliches Gefühl der Geborgenheit und daß du nicht über ihn urteilst. Der Körper schüttelt sich ganz von allein gesund. Bei dem zuvor Beschriebenen handelt es sich um verdrehte Gedankenformen, die dabei abgeworfen werden können. Es gibt sehr wirksame, alte, taoistische Übungen zur Energieanreicherung im Körper, bei deren Anwendung es nach einiger Zeit zu einem solchen fast krankhaft anmutenden Schütteln kommen kann, das nahezu epileptischen Krämpfen ähnelt. Genauso kann der Körper bei bestimmten Yoga-Asanas reagieren. Die in sinnlosen und unnützlichen Denkmustern absorbierte Energie wird dabei losgelöst und nach reinigendem Kreisen im Körper im Solarplexus gespeichert, wo sie schützt und jederzeit als Kraft zur Verfügung steht.

Diese kranken Gedankenformen können regelrecht davonfliegen. Manchmal weiß der Liegende auch, worum es geht, und fängt an zu erzählen. Unterbrecht ihn nicht, gebt keine Kommentare, fügt keine Betrachtungen eurerseits hinzu. Das schwächt bloß die Energie. Hört aufmerksam zu, der andere spürt das genau. Bestätigt und ermuntert lediglich. Ermutigt ihn auch, denn manchmal bekommt der Partner es mit der Angst zu tun. Manchmal findet zuvor noch eine Art Kampf statt. Denn schließlich haben wir uns an unsere Rollen und Masken gewöhnt, auch wenn sie noch so schmerzen. Es fällt nun einmal schwer, aus dem vertrauten Kindergarten in die Welt hinauszugehen, um womöglich selbst Spielplätze zu erschaffen …

Bleibe also generell still und stützend, bis es vorüber ist und du weitermassieren kannst. Greife lediglich ein, wenn gar zu stark dramatisiert wird. Mache dann immer wieder den Vorschlag, verstärkt zu atmen, das hilft, in den Mentalkörper, ins höhere Denken umzuschalten. Kommt beide erneut ins Sich-Erweitern. Stelle sachliche Fragen, die dem Partner helfen, aus der Panik herauszukommen. Er braucht nicht in irgendwelchen alten Gefühlen steckenzubleiben, sondern kann sie und ihre Hintergründe erkennen und verarbeiten. Daraufhin darf er sich von ihnen verabschieden. Das ist einfach eine mentale Entscheidung. Mach ihm das klar.

Manchmal ist nichts zu machen, das Drama läuft ab. Dann hilft nur, die Massage zu beenden, sich anzuziehen und den Partner nach draußen zu führen. Dort zeigst du ihm alles, was dir gerade ins Blickfeld kommt: »Siehst du den Baum dort?«

Der Partner antwortet mit »Ja«, wenn er den Baum in sich aufgenommen hat. Das kann bis zu sechzig Minuten dauern, und du wirst spüren, wie der andere langsam wieder klar wird.

So etwas wird jedoch äußerst selten vorkommen, es sei hier nur vorsichtshalber erwähnt. Bei kleineren Dramen kann man diese Übung auch im Zimmer machen.

Seid euch immer bewußt, daß solche Symptome nichts Gefähr-

liches an sich sind. Sie können lediglich die Macht bekommen, die ihr ihnen gebt. So etwas tritt in zahllosen Variationen auf, wenn gestaute Energieflüsse wieder befreit werden, und gehört einfach zum Erfahren der eigenen Kraft.
Es können auch nur schöne Erlebnisse auftreten, doch damit wirst du keine Schwierigkeiten haben, nicht wahr?
Nun noch etwas zu den verschiedenen *Massagegriffen*. Es gibt die Methode des Ausstreichens mit der flachen Hand. Passe die Hand sorgsam allen Biegungen des Körpers an. Auch die langen Striche erfolgen so. Damit können Körperpartien und einzelne Muskeln auch gedehnt und gestreckt werden. Sie sind die meist verwendeten Griffe bei Massagen. Schüttle deine Hände zwischendurch immer einmal aus, denn du kannst Energien vom anderen aufnehmen, die dir nicht guttun. Es kann auch vorkommen, daß sich deine Hände verkrampfen. Schlage sie einfach mit kräftigem Schwung in Richtung Boden. Vergiß nicht, deine Hände nach jeder Massage für einige Sekunden zum *Reinigen* unter fließendes Wasser zu halten. Ferner kannst du zwischen beiden Händen das Gewebe sowohl pressen als auch drehen und ziehen, zupfen und kneifen. Du kannst mit nur einem Finger oder Fingerknöchel in Muskelstreifen hineingehen, ebenso mit allen Knöcheln oder mit dem Ellenbogen. Das braucht jedoch ein wenig Übung, sonst bringt es einen gegenteiligen, negativen Effekt hervor. Solche Stellen wären die langen Rückenmuskeln beiderseits der Wirbelsäule, der große Gesäßmuskel (da, wo das Grübchen sitzt) und die Halsmuskeln vom Ohr zum Schlüsselbein.
Mit den Knöcheln läßt sich prima der Oberschenkel (vorn und hinten) bearbeiten, wenn es aufwärts geht in Richtung Kopf. Der Rückstrich erfolgt mit dem Daumenballen oder den Fingerspitzen. Wenn die Haut beim leichten Zusammenkneifen weh tut, zeigt sich Orangenhaut. Sie ist oft auch schon mit bloßem Auge zu sehen. An diesen Stellen ist der Zellinhalt, der aus den verschiedensten Aminosäuren besteht, geliert statt flüssig. Das passiert, wenn zuviel Säure im Körper vorhanden ist. Wir benötigen jedoch zum reibungslosen Ablaufen unseres Stoffwechsels ein basisches Milieu. Sauer werden wir, außer durch zu viel und ungesundes Essen, vor allem durch negative Gedanken, also Ängste, Streß und Ärger.
Man hat Forschungen angestellt, wonach pH-Wertmessungen von

Körperflüssigkeiten nach guter Meditation einen Anstieg des basischen Anteils aufweisen.
Zum Abschluß einer gelungenen Massage kannst du mit beiden Händen die sieben Energiezentren (siehe S. 93) oder die Gegenden, die dir am bedürftigsten erscheinen, aufladen. Dieses *Aufladen* sollte mindestens drei und maximal zehn Minuten für jede Gegend dauern. Aufladen geschieht, indem man die Hände bewußt auf die betreffende Stelle legt, entweder über- oder nebeneinander. Beim Übereinanderlegen geben Linkshänder die linke Hand unter die rechte, Rechtshänder verfahren umgekehrt. Die Hände können zuvor, damit die Energie angereichert wird und besser fließt, kräftig gegeneinander gerieben werden. Falls einmal für eine Massage keine Zeit sein sollte, kannst du sowohl bei dir selbst als auch beim anderen nur aufladen.
Laß den Liegenden dann umdrehen und lade die gesamte Wirbelsäule mit deinen Händen auf.

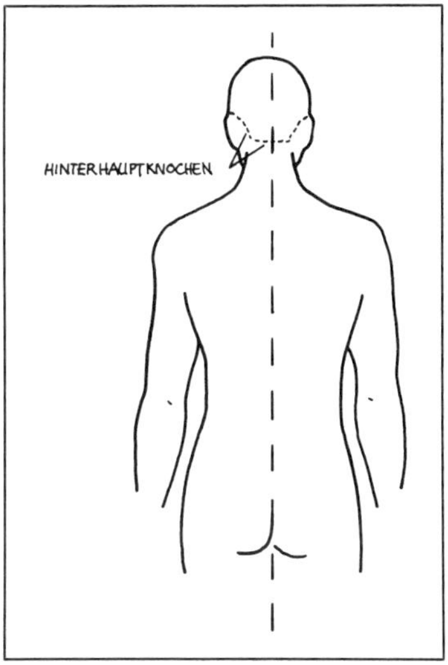

Zeichnung 3: Die Energiezentren am Hinterhauptknochen entlang des Schädelrandes.

Gehe bis oben an die Hinterhauptknochen des Hinterkopfes am Ende der Wirbelsäule und sei dort besonders intensiv.
Immer jedoch wird es gut sein, am Schluß eines Massierens die Zehen ein wenig zu halten, um zu verhindern, daß der andere zu sehr »im Kopf« ist.

Einige besonders wirksame Griffe bei Kranksein, Schmerzen, Spannungen

Rückenschmerzen

Der Schmerzerfüllte liegt auf dem Bauch. Du stehst bequem über ihm, denn es wird viel Kraft gebraucht. Verspanne nichts und atme gut.

Nun drückst du deine beiden Daumenkuppen (nicht die Spitzen!) mit Kraft in die langen Rükkenmuskeln, die beiderseits der Wirbelsäule vom Hals bis ins Steißbein verlaufen, jeweils in ungefähr drei Zentimeter Abstand von oben nach unten. Wir atmen dabei im selben Rhythmus wie der Liegende und drükken jeweils beim Ausatmen fester. Verfahre langsam, stelle dich genau auf das Atmen des anderen ein, forciere nichts. Diese Massage dauert etwa 20 Minuten. Sie kann auch zweimal gemacht werden. Streiche am Schluß noch die Beine nach unten und halte die Füße kurz in deinen Händen.

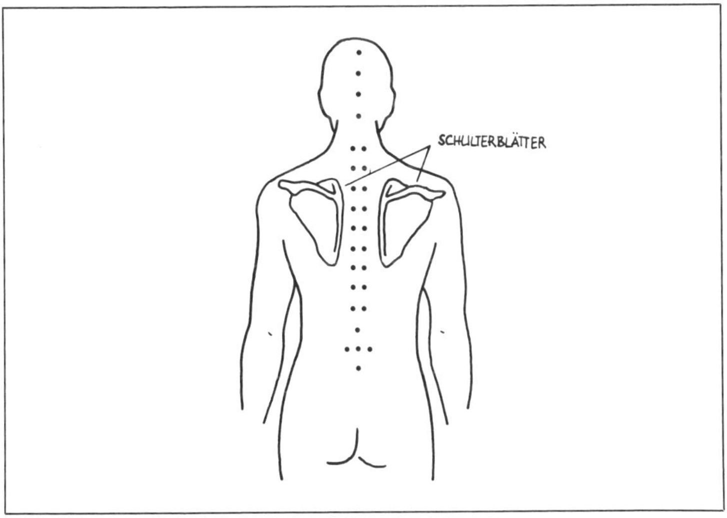

Zeichnung 4: Die Fingerdruckpunkte entlang der Wirbelsäule.

Kopf entspannen

Dasselbe wie zuvor am Rücken kann auch auf dem Kopf, und zwar von der Stirnmitte bis zur Massageauflage herunter, gemacht werden. Ziehe anschließend den Kopf aus, und zwar vom Körper des Liegenden weg. Die linke Hand befindet sich dabei am Kinn, die rechte am Nakken.

Kopfweh

Diese Massage empfängt der andere im Sitzen. Tu die Rechte auf den Nacken, die Linke vor die Stirn. Laß atmen. Streiche anschließend wiederholt mit beiden Händen vom Hals über den Kopf nach oben gleichzeitig. Wenn der Massierende vorher die Hände stark atmend gegeneinanderreibt, wird die Wirkung beim Handauflegen erhöht. Die Massage sollte mindestens zehn Minuten dauern. Nach ihrem Abschluß schüttle die Hände gut aus.

Sich-verwirrt-Fühlen

Derjenige, der massiert werden soll, liegt auf dem Bauch. Du hältst für ungefähr zwanzig Minuten beide Hände auf dem Steißbein. Sei ganz still, atme bewußt und habe nur liebevolle Gedanken. Nach dem langsamen Aufstehen wird der »Kranke« sich wunderbar leichtfüßig und wie auferstanden fühlen.

Oberschenkelhitze bei Frauen

Diese Massage tut Frauen während der Regelblutung gut. Achte auf eine weiche Unterlage. Die Frau liegt auf dem Rücken. Der Massierende streicht unentwegt langsam vom Bauch die Beine herunter. Erst stärker, dann ganz sanft.

Es ist auch gut, die am inneren Oberschenkel entlanglaufende Sehne zu drücken. Sei vorsichtig, es kann sehr weh tun. Geh langsam tiefer und laß dazu atmen. Drücke auch den Punkt oberhalb des Knies. Massiere je-

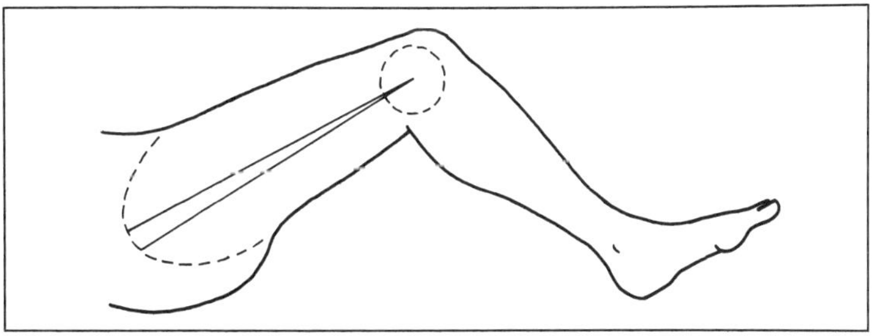

Zeichnung 5: Massage bei Oberschenkelhitze (Oberschenkelinnenseite).

de Seite bis zu 15 Minuten. Zum Schluß streiche aus und halte die Massierte fünf Minuten. Diese Massage verbessert außerdem eure sexuelle Beziehung.

Schulterschmerzen
Laß den anderen sich hinlegen und tue ein Kissen, eine Decke oder eine Rolle unter die Knie. Setze dich an die Seite des Liegenden. Ziehe nun die Schulter etwas heraus, zu dir hin, indem du eine Hand unter den Körper legst, die andere oben in die Armkuhle. Laß die Hände da fünf Minuten oder länger liegen. Achtet auf euren Atem und sieh an, was passiert. Streiche anschließend den Nacken aus und halte noch eine Weile die Füße.

Streß
Falls du keine Zeit hast zu schlafen oder nicht schlafen kannst, weil du überdreht bist, dann lege oder setze dich. Es ist eine Übung für dich allein. Atme tief und ganz langsam, und bleibe mit der Aufmerksamkeit im Bauch, im Herzen oder in den Füßen. Probiere, wo es jeweils am besten ist.
Bleibe so für mindestens 20 Minuten. Du kannst eine ruhige Musik oder Naturgeräusche (Regen!) dazu hören.

Innere Organe stärken
Auch diese Übung ist für dich allein.
Setze dich und atme in tiefen, langen Atemzügen so, daß sie von außen gar nicht zu bemerken sind. Stelle dir goldenes Licht um dich herum vor. Laß es als dünnen Strahl oder eine Reihe von einzelnen Lichtpäckchen durch deine Stirnmitte in den Körper ein. Führe das Licht zuerst zu Herz und Lunge. Fülle diese Organe damit. Du wirst bald eine Wärme dort spüren. Gehe weiter zu Leber, Milz, Magen und der Gegend zwischen Bauchnabel und Schambein (zweites Chakra), dann zum Damm, presse den Anus und geh darüber hinweg zum Steißbein, weiter die Wirbelsäule hinauf bis zur Kopfmitte oben und von da wieder hinunter zum Punkt zwischen den Augen (drittes Auge), zum Kehlkopf und zum Herzen. Achte darauf, daß du dabei die Zungenspitze an den Gaumen tust. Bleibe dort in der Gegend des Herzens und laß die Lichtkraft sich hier sammeln.
Diese Übung ist aus alten taoistischen Übungen entwickelt. Übst du regelmäßig, wirst du das Licht bald öfter und öfter spüren, auch wenn du die Übung gerade nicht machst.
Deine Kraft und Liebe werden wachsen, und auch deine Ge-

sundheit wird stetig besser werden. Die Übung dauert ungefähr zwanzig Minuten.
Stelle dir zum Schluß blaugoldenes Licht im ganzen Körper vor, wie es aus deinem Herzen als Strahl hervorsprudelt.
Diese Übung schützt sehr gut vor Chaos, Negativität und Nervosität im täglichen Leben, die uns soviel Ärger und Unzufriedenheit bereiten. Sie macht widerstandsfähiger gegen Streß.

Kalte Füße

Lege dich auf den Bauch. Deine linke Hand befindet sich locker an einer beliebigen Stelle deines Gesichts oder am Kopf. Plaziere deine rechte Hand in der Leistengegend. Um es bequemer zu haben, kannst du das rechte Bein ein wenig anwinkeln. Diese Übung wirkt in kurzer Zeit bei Menschen, die viel »im Kopf« sind und einen empfindlichen Solarplexus haben.

Massage zu mehreren

Die Massage zu mehreren ist eine wunderbare und unbedingt erlebenswerte Sache, sofern einige dazu notwendige Voraussetzungen geschaffen werden können. Vorbedingung ist natürlich, daß die Menschen, die daran teilnehmen möchten, miteinander harmonieren.

Die optimale Zahl für eine Massage zu mehreren ist die geheimnisvolle kosmische Sieben. Einer darf diese enorme Zuwendung genießen, und sechs geben: je einer an Kopf und Füßen sowie je zwei an den beiden Seiten. Am Kopf sollte der Begabteste Platz nehmen, denn da fällt es uns gewöhnlich am schwersten zu entspannen, so daß eine wirkungsvolle Unterstützung angebracht ist.

Für die Gebenden ist wichtig, daß jeder sowohl möglichst gut in sich selbst zentriert ist als auch synchron mit den anderen zu agieren vermag. Es ist nicht so sehr das Problem, ob alle massagebewandert sind und nach dem gleichen System arbeiten, wichtiger ist, daß jeder der Mitspieler mit ähnlicher Intention arbeitet, so daß Intensität, Impuls, Ziel und Offenheit miteinander geteilt werden.

Es braucht kein großartiges Massagesystem zu geben (wenn ja, um so besser), wenn jeder sich auf seine Intuition zu verlassen wagt und sich auch gleichzeitig ein wenig auf die Stimmung der Mitmassierenden einzustimmen bereit ist. Da kann gut hin und wieder ein Wort nötig sein. Das ist ganz in Ordnung, wenn nur leise und mit genügender Rücksicht auf den entspannt Genießenden gesprochen wird.

Gelingt es den sechs Menschen, solchermaßen synchron miteinander zu arbeiten, so braucht weder der die Massage Empfangende sich gestört fühlen noch müssen die anderen sich zerstreiten.

Es geht hier zu wie im übrigen Leben auch. Wenn jemand den materiellen Dingen zu viel Gewicht beimißt, wird ihm das rechte Verständnis für die den Dingen innewohnende Dynamik, für ihr Wesen abgehen. Er wird sich irgendwann leer und gleichgültig fühlen oder verwirrt. Sein Leben steht dann nur auf einem Bein und kann so nicht gelingen. Wer andererseits bloß im Geistigen verwurzelt sein möchte, verfällt allzu leicht Illusionen. Er steht eben dann auch nur auf einem Bein. Beim rechten synchronen Arbeiten wird für die Bedürfnisse von Körper, Seele und Geist gleichzeitig und vor allem gleichmäßig gesorgt. Dann gelingt alles, was wir anstreben.

Der am Kopf Sitzende hat die beste Übersicht über die Arbeit der anderen Massierenden. Er kann helfend und verbessernd eingreifen, und er erreicht mühelos den Liegenden für Empfehlungen und Ermunterung. Außerdem trägt er durch seine Kopfmassage maßgeblich zur Entspannung im gesamten Körper bei. Der am Kopf Sitzende bestimmt auch Anfang und Ende der Behandlung.

Was kann nun der Liegende zum Gelingen seiner Massage beitragen? Er sollte sich vor allem hingeben wollen. Er muß den Willen haben zu genießen. Er sollte den Wunsch nach Beziehung zu Menschen haben. Und er muß überzeugt sein, daß er das Beste aus seiner Massage machen wird. Allerdings unterscheiden sich natürlich sechs Menschen voneinander. Der Liegende kann sich nun nicht auf jeden einzelnen einstellen und mit jedem vollkommen in Übereinstimmung sein. Um auf seine Kosten zu kommen, sollte er sich deshalb allen anderen nach der göttlichen Devise überlassen: »Leiste keinen Widerstand, sonst wirst du zu ihm!« Bald wird dann das Wunder geschehen, daß ihn zwölf weiche Hände wie auf Wolken davontragen. Die Vielfalt der Hände bei diesem schönen Spiel eignet sich vorzüglich, mit dem Emotionalkörper, unseren Gefühlen »handgreiflich« zu werden. So viele Hände auf einmal an sich zu spüren, kann den stärksten Mann umwerfen. Da purzeln die Gefühle aus dem Körper wie reife Birnen vom Baum. Geht damit um wie schon in den vorherigen Kapiteln empfohlen.

Liebevolle Massagen zu zweit

Probierst du die zuvor beschriebene große Massage mit deinem Partner bereits seit einiger Zeit, hast du sicher schon erlebt, daß du eine ungeheuer sanfte Freude am Berühren des anderen gehabt hast, die dich schier überwältigt hat, eine Freude am Schenken. Vielleicht hast du aber auch ganz fremdartige Empfindungen gehabt, wie das Gefühl, deinen Partner schon aus uralten Zeiten von woandersher zu kennen. Vielleicht hat es dich verunsichert. Mache dir nichts daraus, genieße eure Vertrautheit.

Die Ganzkörpermassage ist besser für eine generelle Entspannung geeignet. Sie lockert den Tagesstreß und augenblickliche oder anhaltende Probleme. Sie sorgt dafür, daß wir uns einfach einmal fallen lassen können. Sie lindert sich anbahnende Erkältungen, sie hilft, Schmerzen hinwegzustreichen.

Liebevolle erotische Massagen sind nun genau dafür da, Gefühlsmomente intensiv zu erleben und sich dadurch besser kennenzulernen. Man kann lernen, einander auf neue Weise, feinfühliger und wissender zu genießen. Dabei geht es wieder einmal nicht so sehr um Sex, sondern mehr um das Erfahren der Sexual*kraft*, einer Kraft, die in immer sich erneuernder Vielfältigkeit im ganzen Universum wirkt. Es geht also nicht um die Konzentration auf einige wenige, höchst bekannte Körperorte, Handlungen und Gefühle, sondern ganz im Gegenteil um das Spüren von Berührung in einer umfassenderen Weise, um ein Spüren mit allen Sinnen, um das Erleben einer immensen und vehementen, lebendigeren Freude am Fühlen des anderen, seiner selbst. Es geht um Liebe. Sex soll nicht verbannt sein, und unter Liebe verstehe ich auch nicht diese artigen, konventionellen, altmodischen Moralvorstellungen. Wir alle haben nach der sexuellen Befreiung enorme Erfahrungen gemacht, sind reifer geworden. Unser geweitetes Bewußtsein läßt uns mit diesem Stand der Dinge nun unzufrieden zurück. Wir ahnen, daß es noch etwas anderes gibt. Wir sind soweit, mit den Kräften, die zwischen uns Menschen wirken, auf wachere Weise umzugehen. Alles ist Energie, heißt eine alte, weise Maxime. Und mit dieser Energie können wir nun kompe-

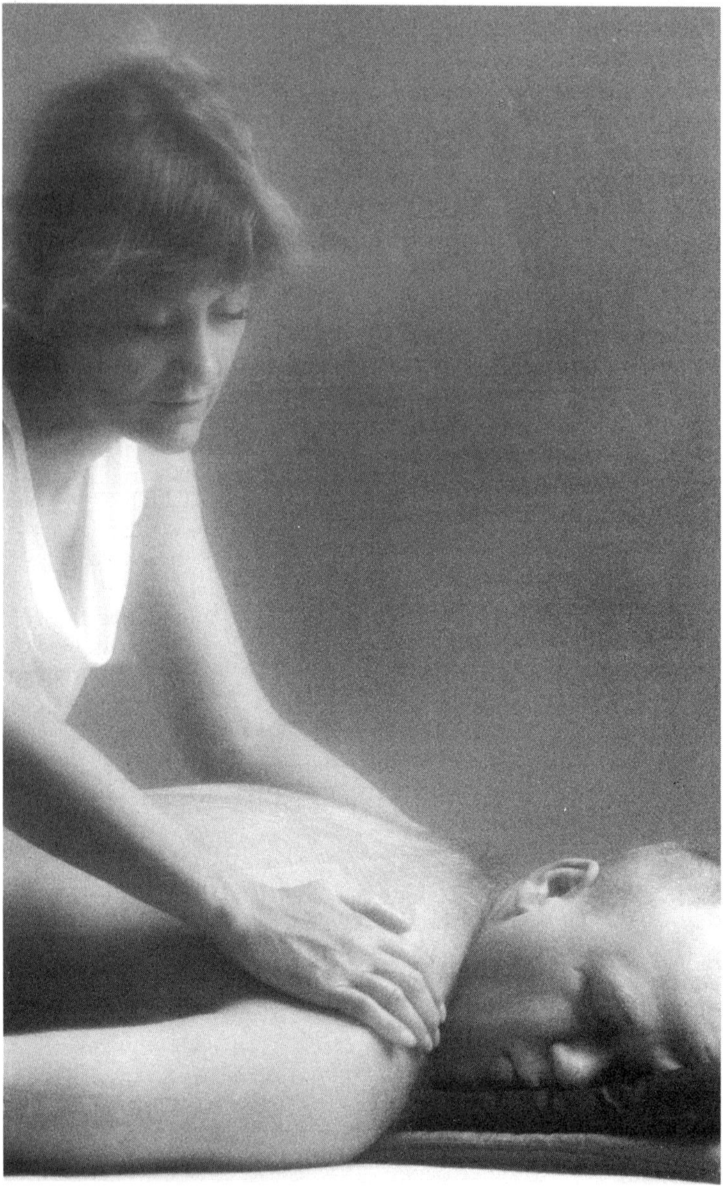

tenter umgehen lernen. Das rückt die Überbetonung des Sexes der letzten Jahre wieder ins Normale. Eine liebevolle Massage entspannt auf anhaltendere Weise als Sex, ja sie heilt sogar. Alte Weisheitslehren sagen, daß Energien durch Liebe zusammengehalten werden. Eine geheimnisvolle Behauptung. In der Tat erfährt wohl jeder, der sich auf den Weg macht, den Energien auf den Grund zu gehen, daß Energie wirklich mit Liebe zu tun hat. Allerdings kann man das auf gar keinen Fall lernen, rein theoretisch entdecken. Wir müssen probieren, erleben. Das Herz scheint nun das Organ zu sein, durch das wir Liebe jeglicher Art spüren.

Deshalb will ich hier über Herzmassage sprechen. Sie ist eine wunderschöne Form des intensiven, emotionalen Miteinander. Es ist gleichgültig, ob euer Geliebtes gerade traurig ist oder eigenartig weit weg, ob ihr eine konfliktreiche Zeit durchgeht oder euch einfach sehr liebevoll und harmonisch zueinander fühlt. Das streichende und streichelnde Bewegen der Herzgegend wird euch beide bewegen. Ihr werdet tiefer und spontaner empfinden, ihr kommt weg von behindernder, vergangenheitsbeladener Sentimentalität, von engen und engherzigen Gefühlen. Die Massage wird euch freimachen für eine neue Art der Bewegung. Sie kann eine anhaltende Wandlung in euch in Gang setzen, bis hin zur Heilung und dem besser mit sich und den anderen Umgehen.

Es kann vorkommen, daß ihr während einer Massage sauer aufeinander seid. Ihr wollt dann aus Gewohnheit argumentieren, euch verteidigen, dem anderen womöglich Vorwürfe machen, euch gar trennen. Verzichtet darauf zugunsten einer tieferen Kommunikation, einer ruhigen, meditativen Massage beispielsweise. Danach werdet ihr meistens zu einem besseren Ergebnis kommen. Durch den liebevolleren und bewußteren Zustand, in den ihr gelangt, werden euch ohnehin eure Probleme lächerlich erscheinen.

Meistens geht es allerdings bei Streitigkeiten in Beziehungen um Projektionen und Übertragungen, die mit dem anderen wenig zu tun haben. Man spürt alte Verletzungen, die von jedem der Kontrahenten selbst bearbeitet, durchschaut und aufgelöst werden müssen. Das läßt sich in der entspannten Atmosphäre nach einer liebevollen Massage viel besser bewerkstelligen. Man kann auch einfach mit einem kosmischen Witz das scheinbare Problem belächeln.

Herzmassagen

Die Herzmassage ist nicht schwierig. Sie ist auch weder zeitaufwendig noch umständlich zu organisieren. Sie wird nie mehr als höchstens zwanzig Minuten in Anspruch nehmen. Auch reicht es, daß dazu nur der Oberkörper frei ist, wenngleich es für mein Empfinden immer schöner ist, nackt zu sein.

Für die Vorbereitungen gilt das im Eingangskapitel Gesagte. Die Energie, die hier investiert wird, zahlt sich später aus, die Ergebnisse werden für sich sprechen. Probiert die für euch richtige Modifikation. Es kann alles sehr schnell gehen, wenn man auf solche Übungen eingerichtet ist.

Nach einem Moment der Stille seid ihr im Zustand des Sich-Erweiterns und könnt beginnen.

Du sitzt wieder je nach Gefühl rechts oder links an der Seite deines Partners, zwischen Arm und Rumpf. Achte darauf, daß dieser Arm ein wenig abgewinkelt ist und bequem liegt, lege notfalls ein Kissen darunter oder eine zusammengefaltete Decke. Lege auch etwas unter die Knie, das erlöst die Bauchmuskeln.

Du wirst jetzt eingestimmt sein und ruhig. Achte auf warme Hände. Nimm ein wenig Öl und verteile es zwischen deinen Händen. Lege sie ganz, ganz sachte auf die Brust des Partners. Laß sie dort eine Weile sehr bewußt liegen. Du wirst genau spüren, wann es Zeit ist, sie weiterwandern zu lassen. Sei überhaupt möglichst bei *dir*, spüre mehr in deinem Herzen als in deinem Kopf. Achte auf einen ruhigen, regelmäßigen Atem. Er soll so tief und langsam wie möglich sein und in Brust und Bauch gehen. Sag dir einfach, daß du dich jetzt ganz sicher fühlst und nur da bist, diese Massage zu schenken. Deine Ruhe wird sich dem Partner bald mitteilen. Und auch du wirst dich durch das, was beim Berühren geschieht, bald wirklich sicher und hingebungsvoll fühlen. Lege deine ganze Liebe in deine Gesten. Es gibt hier eigentlich keine besonderen Griffe und Striche.

Folge deiner Intuition. Sei leise, fein und sacht. Du brauchst nicht zu drücken, die Muskeln müssen nicht gestreckt werden.

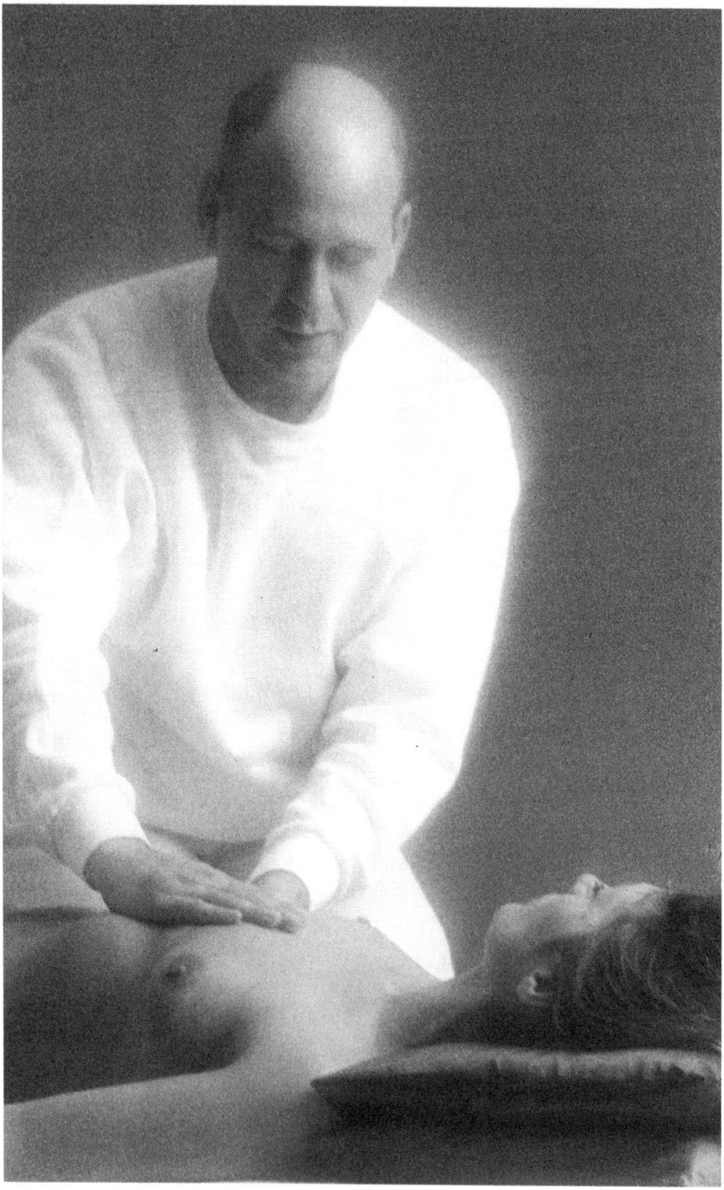

Fahre mit beiden Händen gleichzeitig weich zu den Schultern hinauf, umrunde sie und komme unterhalb der Brust wieder zur Mitte zurück. Viele Menschen haben hier eine rachitische Vertiefung im Brustbein. Diese Menschen scheinen früher eine Weile besonders wenig Liebe empfangen zu haben. Massiere dann dort besonders liebevoll auf und ab. Du kannst auch den Hals mit einbeziehen. Es kommt hier nicht auf Technik an. Bewege deine Hände intuitiv, sie immer flach am Körper des anderen entlangführend. So liebevoll entspannt wie du sein kannst, so gut wird diese Massage sein.

Laß dich nicht vom Anblick des Partners irreführen. Manchmal wird er wohlig stöhnen, dich auch berühren wollen. Je tiefer ihn die Massage innerlich berührt, desto stiller, scheinbar teilnahmsloser wird er aussehen. Er kann für Momente sogar in einen scheinbaren Schlaf fallen, der sehr wirkungsvoll ist. Mache einfach weiter und achte stets darauf, nur liebevolle Gedanken und Gefühle zum anderen zu haben.

Das Massieren der Herzgegend regt außerdem noch die Thymusdrüse an, die für das Herzchakra, das Herzenergiezentrum, verantwortlich ist. Nach solcher Ruhe können auch Gefühle hochkommen. Nimm den anderen dann liebevoll in die Arme und laß ihn ausweinen, bis er wieder lacht.

So, nun könnt ihr die Ruhe genießen und still miteinander sein. Ihr werdet einander sehr genau spüren, eure Gedanken und Gefühle. Ihr könnt jetzt Sex miteinander haben oder was immer ihr wollt. Setzt euch einander gegenüber und sprecht in aller Ruhe über euer Problem, falls eines aufgetaucht ist. Ihr könnt auch über eure gewiß intensiven Empfindungen sprechen. Ihr seid nun besser in der Lage dazu.

Ai-Wa

Eine andere Herz»massage« heißt Ai-Wa. Das ist japanisch und bedeutet Liebe und Harmonie. Es handelt sich dabei um eine meditative Atemübung, aus dem do-in, die das Herz massiert und sehr offen, ruhig und liebevoll macht. Ihr könnt sie allein oder zu zweit, wobei ihr einander gegenübersitzt, machen.

Oft fühlen wir uns zerrissen, unstet, ärgerlich oder sonstwie »aus der Reihe«. Das muß nicht unbedingt immer direkt etwas mit uns zu tun haben. Wir können nämlich unbewußt die Störungen und Probleme von anderen Menschen aufnehmen, mit denen wir durch Liebe oder Zorn verbunden sind, wobei wir mit ihnen gar keinen Kontakt mehr zu haben brauchen. Die Übung Ai-Wa dient dazu, einer bestimmten Person oder einer Gruppe von Menschen Energie zu geben, ein positive Energie von Liebe und Harmonie. Gefühlsmäßige Konflikte und Blocks, die in einer Beziehung zu einer bestimmten Person bestehen oder bei uns selbst unbewußt in unserem Denken existieren, wenn wir beispielsweise jemanden oder etwas festhalten wollen, und sich lediglich in unangenehmen Gefühlen äußern, können sich damit lösen. Gerade wenn wir fühlen, daß jemand an uns zieht, bewußt oder unbewußt, wird ihm das helfen loszukommen. Denn oft versagen Gespräche, den Dingen auf den Grund zu kommen, oder der andere steht nicht immer zur Verfügung. Ebenso können wir durch Ai-Wa auch eine Idee oder einen bestimmten Gedanken bei uns oder anderen unterstützen und so Dinge ins Rollen bringen, die auf andere Weise im Moment nicht erreichbar scheinen.

Man kann diese Übung gelegentlich auch allen Wesen widmen. Diese Haltung hat eine Rückwirkung auf uns und macht uns glücklich.

Wenn das Ai-Wa zu zweit gemacht wird, schaut man einan-

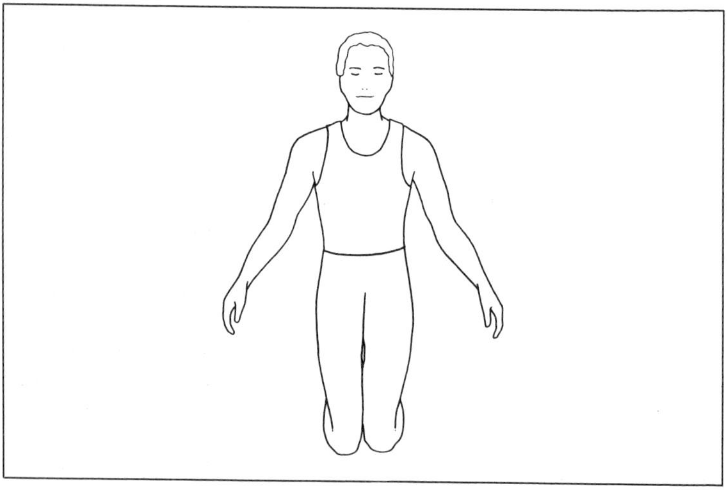

Zeichnung 6: Die Ai-Wa-Übung.

der die ganze Zeit sanft in die Augen. Es wirkt besonders intensiv bei zwei Menschen, die beschlossen haben, sich einmal wirklich aufeinander tief einzulassen. Inspiration, Liebe und Einheit werden hundertfach verstärkt. Ai-Wa erzeugt einen ungemein starken Strom elektromagnetischer Kraft, die von der Herzgegend aus spiralförmig ausschwingt. Ihr werdet eure Brust sich weiten fühlen, euer Herz förmlich schlagen hören und eine große Liebe spüren, auch dann, wenn ihr allein übt.

Wir sitzen mit geradem Rücken und schauen uns an oder »nirgendwohin« geradeaus. Falls wir alleine üben, schauen wir »geradeaus«. Wir öffnen die Arme weit, als ob wir alles umarmen wollten. Die Hände sind nach vorne geöffnet.

Wir beginnen über den leicht geöffneten Mund tief und langsam in die Brust einzuatmen und stellen uns vor, daß etwas aus der Brust ausstrahlt. Beim Einatmen bewegen wir Brust und Herz leicht nach vorn, beim Ausatmen zurück. Das Ein soll ein wenig länger dauern als das Aus. Dieser Vorgang soll fünf Minuten oder länger dauern. Während des Atmens visualisieren wir so klar wie möglich die Person, Gruppe oder Idee, um die es uns geht. Mit der Zeit wird uns das immer besser gelingen. Auch denken wir bei jedem Atemzug jeweils klar »Liebe« und »Harmonie«.

Wir beenden die Übung mit einem stillen »Danke!«.

Ich möchte jetzt noch über andere Arten, euch einander zu öffnen, sprechen. Ihr könnt sie auch zusätzlich bei der Herzmassage verwenden. Vorerst soll es um einige weitere Praktiken des do-in gehen. Do-in ist ein nahezu unübersetzbarer Ausdruck. Es kommt aus dem Fernen Osten und gründet sich auf Übungen aus dem Buddhismus, Hinduismus und Taoismus. Es handelt sich dabei um Methoden zur seelischen und geistigen Entwicklung. Sie sollen zu einem freien Menschen hinführen. Die Lehren sind über 10000 Jahre alt und besagen, daß alles menschliche Elend aus unserem persönlichen Mißverständnis der Ordnung des Universums entsteht und daraus, daß wir das Wissen über uns selbst aus falschem und negativem Denken verloren haben. Man weiß nichts über sein Entstehen. Do-in bedient sich bei seinen verschiedenen Übungen des elektromagnetischen Flusses oder der Energieströme im ganzen Körper durch einfache, normale Bewegungen. Außerdem wird dem Atmen, der Ernährung und der

Meditation besondere Bedeutung geschenkt. Der Grundgedanke ist derselbe wie in allen anderen alten Weisheitslehren, nämlich der, daß alle Erscheinungen, die im Universum existieren, von zwei gegensätzlichen Kräften beherrscht werden. Es ist also alles in ständiger Bewegung durch zwei polare Kräfte, die Yin und Yang genannt werden. Jede Entwicklung, wie man diese Bewegung auch nennen kann, verläuft daher in Spiralen, weil es dadurch Ausdehnung = Vergeistigung und Zusammenziehung = Materialisierung gibt. So entstehen Leben und Tod, Tag und Nacht, Gut und Böse, Liebe und Haß, Anziehung und Abstoßung. Und alles wandelt sich ständig von dem einen Pol zum anderen.

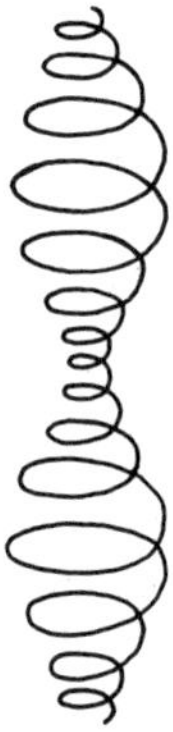

Zeichnung 7: Spiralen der Entwicklung.

Es gibt auch die Pole Mann und Frau. Daß man beide als Pole versteht, erklärt in gewisser Weise die Anziehung zwischen ihnen. Beide können durch bestimmte Interaktionen wie Massage, einige Meditationsarten und Sex ihre Energien ausgleichen und so jeder für sich und gemeinsam in größere Harmonie kommen. Je bewußter und kenntnisreicher solche Handlungen stattfinden, desto besser wird das Ergebnis sein. Ja, man kann auf diese Weise sogar überschüssige Energien erzeugen und zum Erreichen von Zielen hernehmen, beispielsweise zum Heilen.

Nun hat auch jeder einzelne Mensch diese Pole in sich, und das ist das Geheimnis der Meditation, die, auf die rechte Weise verrichtet, zur Harmonisierung all dieser Gegensätzlichkeiten in uns selbst führt.

Chakren

Wir bekommen unsere Energien von oben und unten, aus dem Kosmos und von der Erde, also wiederum von polaren Kräften. Sie bilden um unseren Körper einen elektromagnetischen Bereich, die Aura, und zwischen Kopf und den Füßen oder zwischen Kopf und Genitalien einen

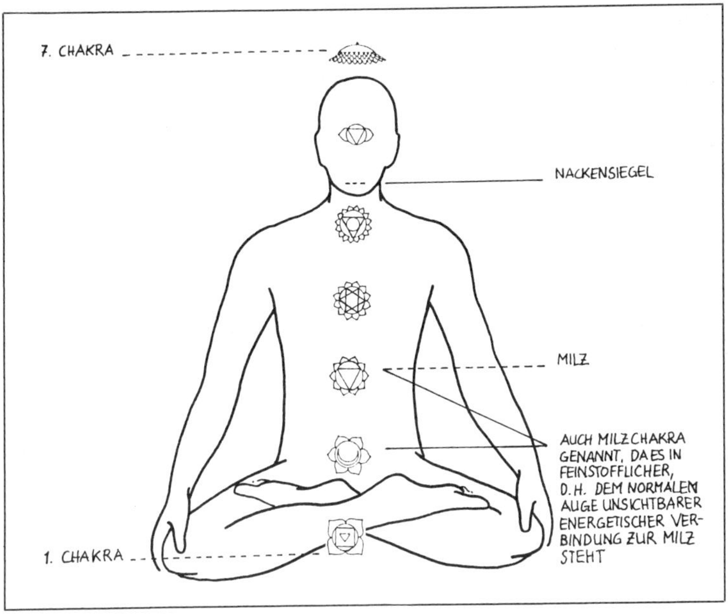

Zeichnung 8: Die Chakren, Siegel oder Energiezentren.

Energiestrang, der vorwiegend durch die Wirbelsäule kanalisiert wird, in dem Energiezentren, die Chakren, verankert sind. Beim Durchgang durch uns bilden sich nämlich Energiewirbel, und zwar dort, wo diese Kräfte des Himmels und der Erde zusammentreffen und entsprechende Aufladungen entstehen. Diese Stellen heißen Energiezentren oder Chakren. Es gibt sehr viele solcher Chakren, doch die wichtigsten sind die sieben entlang dieses Energiehauptkanals der Wirbelsäule.

Diese Wirbel erzeugen einen elektromagnetischen Fluß nach außen. Gleichzeitig beziehen sie aus der Umgebung Kräfte zum Aufrechterhalten der inneren Funktionen.

Es liegt auf der Hand, daß man auf Aura und Chakren durch das, wofür sie empfänglich sind, nämlich durch elektrische oder magnetische Einwirkung, auch einwirken kann.

Genau solche Einwirkung geschieht durch Massage. Mann und Frau sind Plus- und Minuspol einer höheren Einheit. Die Bewußtheit darüber ist heute leider weitgehend verlorengegangen. Auch unsere Hände wie unsere Füße sind polig, die rechte Hand positiv und damit gebend, ausstrahlend, die linke negativ geladen und damit nehmend, aufsaugend, empfangend. Beim Berühren spüren wir, ob ein Mensch gebend oder empfangend ist oder ob er weder zu dem einen noch zu dem anderen fähig ist. Ihr müßt nicht genau wissen, wo alle Pole im Körper liegen. Für diese Massage müßt ihr euch nur bewußt sein, daß die massierende Person durch die Art ihrer Gedanken eine weitere starke Poligkeit ins Spiel bringt, denn Gedanken sind auch elektromagnetische Schwingungen. Deshalb ist es so wichtig beim Massieren, liebevoll und ganz dabei zu sein. Auch können negative Energien vom Partner abgezogen und umgepolt werden. Durch die Hände kann man positive Energien von sich zum Partner übermitteln.

Legt beide Hände einige Minuten auf die Zentren. Das stimuliert bzw. beruhigt, wie es gerade nötig ist. Behandelt entweder alle Chakren der Reihe nach oder nur eine einzelne Stelle, von der ihr glaubt, daß sie eurer besonderen liebevollen Beachtung bedarf. Mit der Zeit entwickelt ihr ein Gespür. Personen, die »sehr im Kopf« sind, sollten von oben nach unten alle Chakren hindurch behandelt werden. Wer sehr geerdet, sehr irdisch veranlagt ist, sollte lieber von unten nach oben behandelt werden. Ebenso wie eine Störung zwischen unten und oben vorkommen kann, kann auch ein Ungleichgewicht zwischen der linken Seite (= weibliche Energie) und der rechten Seite (= männliche Energie) vorkommen. Ihr werdet ebenfalls bemerken, daß dasselbe zwischen Vorder- und Rückseite stattfinden kann. So gibt es oft viele Spannungen im Rücken. Da könnt ihr durch intensives Ausstreichen und liebevolles Massieren ausgleichend wirken.

Daß eine Massage mit vollem Bauch weder nutz- noch recht glückbringend ist, versteht sich von selbst. Daß die Atmung hier auch eine große Rolle spielt, mag indessen nicht sogleich auf der Hand liegen. Ich möchte nun einige kleine Tips geben, wie man am besten bei der normalen Massage atmet.

Der Atem bringt uns intensiv mit unserer Umgebung in einen Austausch. Er verbindet zwei polare Kräfte, nämlich Ausdehnen und Zusammenziehen miteinander, und auf geheimnisvolle Weise zwei weitere Polaritäten, nämlich Materielles und Geistiges. Denn außer Sauerstoff nehmen wir auch eine besondere

Energie mit der Luft auf. Manchmal wird es Prana, im Hindi und Sanskrit beispielsweise, genannt. Diese besondere Energie wird mittlerweile wie so vieles andere in alten geistigen Lehren Behauptete, von der modernen Physik bestätigt. Natürlich ist Bergluft günstiger als Stadtluft, und Zimmerluft nicht so toll wie Parkluft. Wir können uns aber mit den immer häufiger angebotenen Luftduschen behelfen, die an den Wasserhahn angeschlossen werden. Die Atmung beeinflußt den gesamten Kreislauf, das Nervensystem einschließlich der autonomen Nervenreaktionen, die Gehirnfunktionen und die Verdauung. Durch bewußtes Atmen können wir also auf leichte Weise gesünder, stärker, ruhiger, wissender, eben bewußter werden.

Man kann nun auf sehr verschiedene Weise atmen, indem man Atemgeschwindigkeit, Atemtiefe und Atemdauer auf unterschiedliche Weise miteinander kombiniert.

Für unsere Massagen ist es am passendsten, wenn wir langsamere, tiefere und längere Atemzüge tun. Das bewirkt seelisch und geistig folgende Qualitäten:

- Ausgeglichenheit im allgemeinen
- Klarheit im Denken
- Tiefe der Einsicht, erweitertes Bewußtsein
- emotionale Stabilität, Vertrauen, Ausdauer
- größere Fähigkeit zu lieben.

Probiert es einmal, bei einem Streit bewußt so zu atmen. Ihr werdet diese Zustände wirklich empfinden. Es bedarf nur einiger Übung.

Mit dieser friedlichen Atmung können wir uns nun noch auf die verschiedenen Energiezentren konzentrieren. Je nach Chakra werden bestimmte Wirkungen erzielt. Fürs Massieren scheint es das beste zu sein, sich auf das Herzzentrum zu konzentrieren. Wir können auch in alle Chakren gleichzeitig atmen und uns weit werden lassen. Das verlangt jedoch einige Übung in Meditation und lenkt Massageneulinge sicher von der Arbeit mit den Händen ab.

Zur Ergänzung sei noch gesagt, daß dieser kontemplative Atem beim Massierenden ganz besonders nützlich ist in Situationen, wo der Partner durch das Massieren in irgendwelche schmerzhaften Energien hineinkommen sollte, die sich als Muskelverspannungen, Organschmerzen oder Ödeme im Körper versteckt hatten. Die Hauptregel für alle solchen Vorkommnisse lautet: »Bleibe bei dir!«

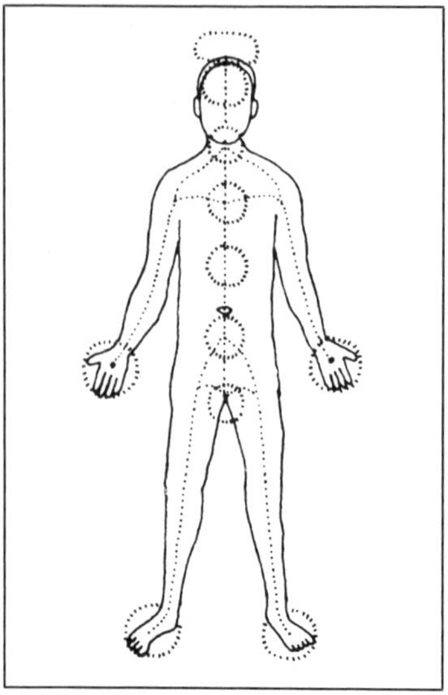

Zeichnung 9: Die sieben Chakren und die Hand- und Fußchakren.

Heute wird viel über Energiebahnen, Chakren und die Aura geredet und geschrieben. Deshalb will ich hier einige Grundkenntnisse über diese geben. Die Angaben darüber sind recht unvollständig und unterschiedlich. Es scheint, daß die einzelnen Kulturen jeweils unterschiedliches Teilwissen über die Jahrtausende hinübergerettet haben. In vollständigeren Systemen spricht man von Siegeln, die von den Chakren etwas verschieden sind. Es gibt überaus kraftvolle und aus diesem Grunde wirksame und gefährliche Übungen, die Siegel zu öffnen. Das Wissen darüber wird in den nächsten Jahren mehr und mehr Menschen erreichen. In der folgenden Aufstellung der Chakren beziehe ich mich im wesentlichen auf das im Literaturverzeichnis enthaltene Buch von M. Kushi.

Siebtes Chakra oder Kronenchakra

Aufnahme der kosmischen Energie

Kontrolliert die Hirnrinde, koordiniert geistig-seelische und körperliche Aktivitäten.

Ziel: Bewußtseinserweiterung, Entwicklung eines universellen Verständnisses, Verringerung des egozentrischen Denkens durch *Intuition*.

Sechstes Chakra oder Drittes Auge

Stimulation der Nerven

Ziel: Kontrolle des Bewußtseins, Gedankenreinigung führt zu *höherem Denken*, Verringerung der rein sinnlich-physischen Wahrnehmung, Denken in Bildern und Symbolen, inneres Sehen.

Fünftes Chakra oder Halschakra

Lenkung der Atem- und Sprachfunktionen

Ziel: Entwicklung der intellektuellen sowie künstlerischen Ausdrucksfähigkeit, d. h. also Selbstakzeptanz und Kommunikation, Fähigkeit, sich auf andere Menschen zu beziehen, sehr wunde Punkte heutzutage bei vielen Menschen.

Viertes Chakra oder Herzchakra

Beherrscht Herz und Kreislauf, lädt Blut und Lymphe mit elektromagnetischer Kraft auf und indirekt damit auch Atmung und Verdauung.
Ziel: Erzeugung von *Liebe* und Sympathie, so daß eine passendere, weil wahrhaftigere Wahrnehmung der sichtbaren Welt entwickelt werden kann. Es ist heute das wichtigste Chakra.

Drittes Chakra oder Sonnengeflecht (Solarplexus)

Kontrolliert Magen, Milz, Pankreas, Leber, Gallenblase, Nieren sowie Hormon- und Verdauungssaftausschüttung.
Ziel: Gleichgewicht zwischen allen körperlichen Bewegungen. *Entwicklung der Beherrschung der sichtbaren Welt durch geistige Kräfte,* anfangs durch Macht, später im Verein mit der entwickelten Liebe des Herzens. Es ist an der Zeit, daß wir es aufgeben, unsere Beziehungen über das dritte Chakra zu regeln, denn wir müssen lernen, dies über das vierte zu tun.

Zweites Chakra oder Kreuzbeinchakra, Sexchakra

Beherrschung der Verdauungs- und Fortpflanzungsfunktionen.
Ziel: Körperliche Stabilität und Fähigkeit zur Fortpflanzung. Entwicklung des seelischen Vertrauens in die Urkräfte, ins Unsichtbare, in die Ultima Ratio. Durch entsprechende geistige Übungen kann hier unumschränkte *Stärke, körperlich wie geistig*, entstehen.

Erstes Chakra oder Wurzelchakra

Aufnahme der Erdenergie
kontrolliert Blase, After und ebenfalls die Fortpflanzung sowie einen Teil der Nerven- und Kreislauffunktionen.
Ziel: Herstellung der körperlichen und seelischen Harmonie mit den Schwingungen der Erde. Stärkt ebenfalls die *sexuelle Vitalität.* Entwicklung der Fähigkeit, mit den jeweiligen irdischen Lebensbedingungen zurechtzukommen. Auch den Lebensunterhalt durch eine den Fähigkeiten angemessene Tätigkeit zu bestreiten gehört hierher.
Noch einmal ganz kurz zu den Nebenchakren in Händen und Füßen.

Rechte Hand:
Entladung der elektromagnetischen Ströme zur Peripherie.
Solche Aufladungen werden durch die Chakren eins bis vier hevorgerufen. Es können aber auch aus der Umgebung (z. B. durch Massage) angenehme oder unangenehme Einflüsse aufgenommen werden. Beseitigung der negativen Einflüsse durch liebevolle Massage, Hand-/Armschütteln, indem man die Hände unter fließendes Wasser hält und durch gutes Atmen.
Rechter Fuß:
Entladung der elektromagnetischen Energie zur Erde. Kommt innerlich aus Chakra fünf bis sieben, äußerlich wie oben.
Linke Hand:
Aktive Aufnahme des elektromagnetischen Flusses aus der Umgebung. Die Chakren eins bis vier werden damit versorgt. Bei unguter Energie, d. h. beispielsweise wenn man sich nicht wohl fühlt, s. o.
Linker Fuß:
Aufnahme von Erdenergie und Beeinflussung der Chakren eins, zwei, fünf, sechs und sieben.

Es hat im wörtlichen wie übertragenen Sinn Hand und Fuß, wenn wir sagen, daß diese Ströme durch Bewegungen stimuliert werden. Sie haben verschiedene Auswirkungen auf unseren körperlichen, seelischen und geistigen Zustand. Einfaches Reiben und Schütteln bewirkt schon viel, und es ist gut, das mehrmals am Tage zu tun.* Die Hände der meisten Menschen sind verkrampft. Wir wissen das nur nicht, weil Verkrampfung »normal« geworden ist. Eine unleserliche unschöne Handschrift kann übrigens auch davon herrühren, wie denn überhaupt Schönheit aus unserer Zeit durch die allzu große Spannung, unter der wir leben, zu entschwinden scheint. Ich hoffe, daß durch das Berühren mit den Händen, diesen ungeheuer sensiblen Wahrnehmungsantennen des Menschen, wieder mehr Harmonie und Schönheit in unsere Welt kommt. Wir bereichern unser Leben, indem wir die unsichtbaren Gesetze kennenlernen, nach denen Kraft überall im Kosmos wirkt.

Do-in-Punkte

Es gibt vier do-in-Punkte, die einfach zu finden sind und nebenbei beim Herzmassieren angewendet werden können. Die

* Darüber hinaus seien die entzückenden Händeübungen der Sofie Rodelli empfohlen (siehe Literatur), die einen erstaunlichen Umschwung im Körper bewirken können.

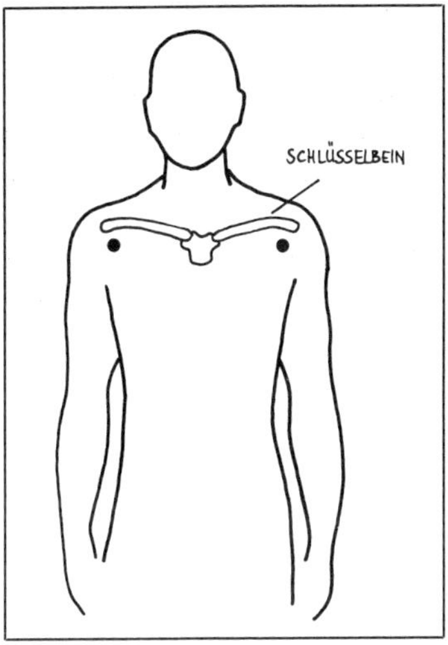

Zeichnung 10: Atempunkte.

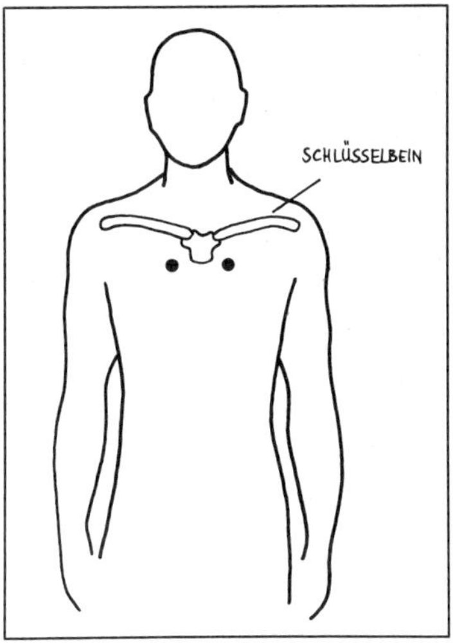

Zeichnung 11: Herzharmonisierungspunkte.

ersten beiden Punkte liegen in den Schulterkuhlen. Sie verbinden uns mit dem Urgrund allen Seins, mit der Quelle, der Höchsten Energie. Wenn man tiefer drückt, regen sie bezeichnenderweise automatisch die Atmung an. Es sind sehr wichtige Punkte, und du kannst sie jeden Tag ein bißchen stimulieren. Es ist jedoch besser, wenn du dich von einem anderen massieren läßt. Das umgebende Gewebe und die Muskeln dort sollten mitbehandelt werden.

Die nächsten beiden Punkte sind ebenso einfach zu finden. Sie befinden sich unter den zwei hervorstehenden Teilen des Schlüsselbeins. Sie liegen gerade eine Fingerspanne auseinander, so daß sie bequem mit Daumen und Zeige- bzw. Mittelfinger gleichzeitig gehalten werden können. Berühre sie nur ganz zart, aber anhaltend.

Beide Punkte wirken sehr harmonisierend und damit stärkend. Deshalb kann es passieren, daß Trauer aufkommt, bevor dieser Ausgleich Erleichterung bringt.

Zwei einfache do-in-Übungen dienen dazu, uns einzustimmen und die unsichtbaren Energieströme besser wahrzunehmen.

Reinigung durch Händeklatschen

Eine sehr einfache und schöne Übung, sich von unguten Energien zu reinigen, ist das Händeklatschen, das ich oft in shintoistischen Tempeln beobachten konnte. Wir knien uns hin, atmen einige Male tief und langsam in unser Herz, bis wir Ruhe in uns einziehen spüren. Dann strecken wir möglichst natürlich und ohne Verspannung die Arme nach vorne aus. Die Hände bleiben zusammen. Die rechte (bei Linkshändern die linke) gleitet diagonal leicht ab, die Arme öffnen sich und kurz darauf bringen wir die Hände mit einem schneidenden Klatschen wieder zusammen. Der Ton sollte klar und scharf sein und weit dringen. Wir klatschen zweimal, nämlich für die Polaritäten, mit denen wir es hier auf der Erde stets zu tun haben, für Yin und Yang also, für die Himmels- und die Erdenergien, von denen wir ständig umgeben und beeinflußt sind.

Durch dieses scharfe Klatschen wird in uns eine Vibration in Gang gesetzt, die jede schwer blockierende Schwingung, die sich als trügerische Gedanken um unseren Kopf und Körper gelegt hat oder um uns herum ist, hinwegschüttelt. Danach bringen wir die Hände flach an unser Herz, immer bewußt atmend, und bleiben noch eine Zeit in der Stille, indem wir sie lose aneinandergelegt im Schoß halten. Das Ganze dauert zwischen zwei und zehn Minuten und erfrischt sehr.

Die Himmlische Trommel schlagen

Diese Übung dient dazu, den Körper elektromagnetisch aufzuladen. Wir sitzen wieder auf den Knien, die Hände locker im Schoß. Wir atmen tief und langsam in den Bauch. Wenn eine ausreichende Konzentration erreicht ist, schlagen wir etwa vierzigmal kurz und rasch die Zähne leicht aufeinander. Dadurch werden elektromagnetische Aufladung und Blutfluß im gesamten Hirnbereich verstärkt. Das wiederum aktiviert den Stoffwechsel in allen Organen, Drüsen und Zellen (Gähnen). Denn jeder Zahn steht mit einem Teil des Körpers, ebenso mit einem bestimmten Wirbel (Reflexzonen, siehe in den Definitionen am Schluß des Buches) in Verbindung. Es wird daher eine sehr weitgehende Stimulierung erreicht.

Tantrische Betrachtungen

Ebenso wie die übliche Massage je nach Bedarf und den Umständen sowohl erfrischend und stärkend als auch beruhigend sein kann, gilt das für die liebevollen Massagen. Sie können uns für eine wundervolle Liebesnacht noch empfänglicher machen oder einfach, wie das Kuscheln, die erotische Anziehung spüren lassen, ohne auf etwas Bestimmtes hinauszuwollen. Auf diese Weise wird das gegenseitige Vertrauen sehr gestärkt. Im Mittelpunkt stehen hier also nicht die Sexorgane, sondern die anderen, bei Zärtlichkeit eher vernachlässigten Stellen. Auf diese Weise wird der ganze Körper elektrisch und magnetisch aufgeladen, und das fühlt sich wunderbar an. Beginne immer mit einigen normalen Strichen und gehe dann zu sanftem Streichen und Streicheln über. Die Genitalien können leicht mit einbezogen werden, jedoch wirst du feststellen, daß der ganze Körper eine einzige, ungeheuer erogene Zone ist. Du wirst bemerken, daß alle Teile des Körpers gleichermaßen Fürsorge verdienen und daß es ebenso erotisierend ist, die Berührung zu empfangen wie sie zu geben.

Wie immer sind schöpferische Phantasie und hinwendungsvolle Gedanken dein wichtigster Ratgeber.

Das Erkennen der geistigen und meditativen Aspekte deiner Sexualität kann eine dich sehr grundlegend verwandelnde Erfahrung sein. Wir wollen hier erst einmal eine Art tantrische Betrachtung voranstellen samt einigen Übungen, ehe wir wieder auf die Massagen zurückkommen.

Durch das Bewußtwerden des Spieles der Energien wird unser Empfinden gesteigert und eine größere Sinnlichkeit und Zufriedenheit erreicht. Die Kommunikation wird segensreich erweitert. Wir werden einfach glücklicher, was immer das auch sei.

Wenn du nun schon öfter massiert hast, wirst du das Sich-Erweitern schon besser kennen und können. Vielleicht weitet es sich gar unmerklich in dein sonstiges Leben aus. Du bist ruhiger und auf eine bestimmte Weise

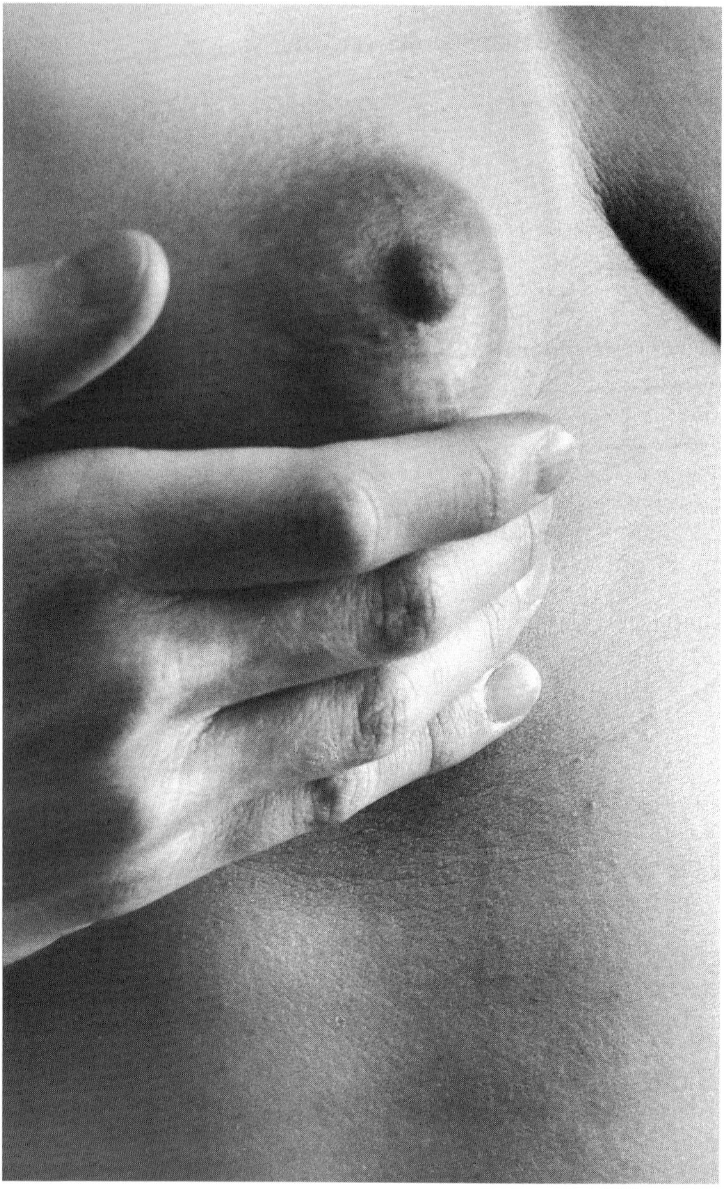

vertrauensvoller, aufmerksamer und wacher geworden. Vielleicht hast du einen Bezug zu deiner Intuition und gleichzeitig zu deinem Körper bekommen. Du weißt, wie ausgehungert deine Haut nach Berührung eigentlich ist. Du kannst mehr genießen und über eine Kommunikation ohne Worte zeigen, was in dir vorgeht. Du mußt nicht mehr so aktiv, nicht mehr nur außen sein. Du mußt kein »Macher« sein, sondern kannst auf weibliche Weise stiller und tiefer empfangen, auch als Mann, dich und den anderen erleben, deine Ängste, Traumata und Widersetzlichkeiten hinter dir lassen. Vielleicht hast du nun sogar eine Ahnung bekommen, was Liebe wirklich ist, und wagst es, sie zu wagen? Niemand kann dir, wie bei der Meditation auch, genau sagen, was das tatsächlich ist und wie man es macht, daß man sich und einander transzendenter, einheitlicher, tiefer erlebt. Es ist eine Angelegenheit der Erfahrung, des Tuns. Es können zwar einige Hinweise gegeben werden, aber stetig geübt bringt das **Sich-Erweitern** alle diese Ergebnisse. Die folgenden Hinweise können auch als Vervollständigung der Übung des Sich-Erweiterns aufgefaßt werden.

Laß alle Negativität von dir fallen. Sei gedankenlos. Das ist schwer und leicht zugleich. Sag es dir immer wieder einmal, damit gibst du deiner Gedankenzentrale einen entsprechenden Befehl, denn alles, was Menschen denken, wird früher oder später Wirklichkeit. Sag es dir jedoch nicht pausenlos vor, das nützt nichts. Denke oder sage es einmal, entscheide dich also, und gehe danach mit deiner vollen Aufmerksamkeit ins Herz. Nach einer Weile hast du den Dreh heraus und weißt, wie es sich anfühlt.

Denke nicht daran, was als nächstes kommt. Laß deine **Intuition** machen. Spüre, was sich in dir am liebsten tun möchte. Habe keine Angst und keine Zweifel. Du weißt, was zu »tun« ist, wenn du dich deine innere Kraft spüren läßt.

Habe **Vertrauen**. Das Spiel der Energien läßt uns auf erstaunliche Weise eine Kraft erleben, die anfangs wohl etwas erschrekkend und überwältigend in ihrer Macht sein kann. Durch sanfte Massage, transzendenten Sex und durch das Sich-Erweitern können wir mit diesen ungeheuren Energien wissender umgehen lernen, denn sie verwandeln uns, machen uns friedfertiger und liebevoller, so daß wir auch unserer Umwelt davon abgeben können und auf diese Weise durch unsere Kraft, durch größe-

re Kreativität und Vertrauen letzten Endes sogar auf die Gesellschaft einwirken.
Rohe Kraft ist beim europäischen Sex weit verbreitet. **Anmut** ist zum Fremdwort geworden. Auch ich habe erst durch meinen langen Aufenthalt in Japan überhaupt begriffen, daß es anders viel sinnlicher, erotisierender ist. Dasselbe gilt auch für Massage, jedenfalls für die subtilen Spielarten. Und selbst wenn ein ungeheuer gespannter Muskel gestreckt zu werden dürstet, bringt es bessere Ergebnisse, wenn du vorsichtig darangehst. Die Qualität und Art deiner Bewegungen, egal ob man sie nun sieht oder nicht, wirken sich auf dich und auf andere aus. Jemand, der stets mit hastenden Schritten umherläuft, wird nicht meditativ oder erotisch sein können. Anmut und Schönheit sind immer langsam, harmonisch, weich fließend und nie abgehackt und steif. Damit sei nichts gegen schnelle Bewegung gesagt, bei Gefahr z. B. ist es sehr wichtig. Aber schon die alten Samurais wurde gelehrt, sich bewußt, grazil und langsam zu bewegen, weil Wildheit eine Menge fehlgeleiteter Energie schluckt, die dem Eigentlichen, dem Sinnvollen dann abgehen muß.
Über das Setting wurde bereits im ersten Kapitel eingehend gesprochen. Schau dir genau an, mit wem du deine Energien intim **teilen** möchtest. Das Teilen der Massage ist wirklich nicht für zufällige Partner, denn ein in stiller Weise leidenschaftliches Verschmelzen weiblicher und männlicher Kräfte steht bevor. Möchtest du wirklich ein Teil jenes Menschen werden? Und möchte er das auch? Sensitivität, Erfahrung, Wissen und auch Mut gehören zu einer solchen Entscheidung.
Es geht hier also überhaupt nicht um Wollust im üblichen Sinn oder um Gier. Die Auren zweier Menschen vermischen sich beim Sex, und man kann das noch nach Stunden sehen. Wer den meditativen Weg zu Erotik und Sexualität für Unsinn hält, wird dich nicht verstehen, sich nicht öffnen können. Im traditionellen Tantra muß jeder oft jahrelang alleine üben, ehe er soweit ist, mit einem Partner zu sein.
Falls es zu Sex und Orgasmus kommt, laß es geschehen und genieße es, wann auch immer. Habe keine Vorstellungen darüber, ob und wann du Sex haben sollst. Zögere nichts hinaus. Orgasmus ist zwar nicht das Wichtigste, das wirst du nach einiger Zeit intensiver Meditation merken. Doch wer sehr jung ist oder gerade lange keinen Sex hatte,

der brennt, und der soll es ruhig »durchbrennen« lassen.

Im Tantra heißt es, jeder Orgasmus nimmt Energien, und wir haben für unser jetziges Leben nur ein gewisses Quantum an Energie zur Verfügung. Deshalb ist es gut, Kraft durch bestimmte Übungen zu sammeln.

Allerdings werdet ihr nach einer längeren Zeit des neuen, erotischen und feineren Umgangs miteinander spüren, daß ihr auf eine überaus schöne Weise gesättigt seid, daß die Gier auf Orgasmus und Besitzenwollen deshalb verschwindet.

Bei diesem Spiel der Energien, das euch stärkt, zufriedener und genußreicher macht, geht es eigentlich um **Meditation**. Ihr habt nun schon beim Massieren diese Art des Umgangs mit euch und anderen erfahren und Vertrauen darin gefaßt. Ihr wißt nun, daß euer Verhalten sich sogar auf eure Umwelt auswirkt.

Meditation wird oft mystifiziert. Es ist einfach die Kunst, Körper, Geist und Seele besser zu integrieren. Die Wirkung der Meditation kann bis in den Alltag, bis in den Beruf hineinreichen. Du kannst dann erfolgreicher sein. Denn Meditation heißt nicht, sich als ein Heiliger vom Leben zurückzuziehen. Im Gegenteil, sie sollte dir bei den täglichen Schwierigkeiten beistehen. Im Gestrüpp des heutigen modernen Lebenschaos kann Meditation wie eine körperliche Blüte in dir sein, deren Duft heilend, erregend und beruhigend zugleich ist.

Du lernst, was dir zuvor unmöglich erschien, nämlich abschalten, aus Rollen aussteigen, Fixierungen loslassen, Selbstverneinungen erkennen und aufgeben. Du lernst, vom ständigen Selbsthaß abzurücken, gefährliche Glaubenssätze loszuwerden, du verlierst die Lust an Spielchen. Du kannst dich besser konzentrieren, auf Lust und Arbeit. Und solche Wirkungen werden rein durch Muskelentspannungen bewirkt! Meditation ist keine Nabelschau. Meditation heißt im Grunde, sich auf etwas Bestimmtes zu konzentrieren, das je nach deiner Art, deinen Zielen und deinem Bewußtseinsgrad verschieden sein wird. Meditation hat etwas mit Gleichzeitigkeit zu tun. Man ist innen und erweitert sich doch zur selben Zeit nach außen. Das Ausmaß der Erweiterung bestimmst du, je nachdem auch, wie weit du dich wagst. Die Erweiterung nach innen bedeutet auch Vertiefung. Du konzentrierst dich und denkst doch nicht. Du bist ganz da und doch in einem anderen Bewußtseinszustand. Ein solcher Zustand läßt sich nicht genau beschreiben, er muß erfahren werden. Haben euch die Erlebnisse mit der Massage neugierig gemacht? Dann laßt weitergehen.

Das Aufregendste ist die Erwartung loszulassen. Ihr hört auf, zu denken und zu fühlen, wie Dinge sein müssen, sein sollten. Dagegen bekommt ihr eine Ahnung davon, daß sich alles bewegt. Ihr lernt, mit dieser Bewegung zu gehen. Ihr lernt etwas über das Sichbilden und Vergehen der Dinge. Ihr lernt, die Ereignisse zu beobachten. Ihr findet im Augenblick Erfüllung, weil ihr ihn intensiver erlebt.

Nimm einmal an, jemanden hat gerade sein Freund oder seine Freundin im Stich gelassen. Damit ist aber nun Platz, daß etwas Besseres zu diesem Menschen kommen kann. Der Mensch entwickelt sich ständig, er ist im Fluß wie alles andere. Wenn man versteht, daß man selbst es ist, der alle Situationen und Dinge in seinem Leben anzieht und kein anderer, dann wird man nicht die Schuld außen, bei anderen suchen. Selbstdramatisierungen hören mit der Zeit ganz von alleine auf, weil die eigene Übersicht größer wird. Man erweitert sich. Damit bricht auch der kosmische Witz durch. Bewußte Leute erkennt man an ihrem Humor.

Du bekommst Vertrauen zu dir, weil du irgendwann spürst, daß du alle Antworten in dir trägst. Alles, was du brauchst, ist da. Es kommt mit der Zeit beim Meditieren aus dir heraus. Du entdeckst Verbindungen, tiefere Quellen, die mit dir zusammenhängen.

Irgendwann wirst du dann die Kontrolle fallen lassen können. Du wirst nichts mehr erzwingen wollen. Du lernst anzunehmen, was auch kommt. Du wirst dabei staunend merken, daß es auf diese Weise immer schöner wird, Harmonie wird in dein Leben einkehren. Schließlich wird das In-Meditation-Sein eine Lebensform. Du wirst mehr und mehr darin sein.

Könnte es sein, daß, wenn du in deine Beziehung, in deine Liebe Meditation hineinbringst, sie endlich doch einmal klappt?! Meditation hilft also, deine Sinnlichkeit mehr zu genießen. Du merkst, daß es mehrere Bewußtseinsebenen gibt, nicht nur die eine uns gewöhnlich bekannte. Und daß wir uns und andere auf allen diesen Ebenen erleben können, intensiver als je zuvor. Meditation ist eine Art Reinigung, die dich deine größeren Ziele erkennen läßt.

Ich möchte noch einen Tip geben: Sei besonders vor solchen Augenblicken auf der Hut, die dir einflüstern wollen, daß es keinen Zweck hat, daß du aufgeben sollst, weil doch nichts passiert. Vielleicht wollt ihr sogar voneinander davonlaufen, euch gar trennen. Hört nicht darauf, denn das ist gerade die Ruhe vor dem Sturm. Danach passiert's, in solch einem Augenblick wehrt ihr euch noch mal, denn euer Verstand ist kurz davor aufzugeben. Kann sein, daß der Sturm erst einmal in Form einer unangenehmen Erfahrung kommt, als Streit, Depression oder Schmerz, als Beziehungspause, als Ausruhen vom anderen. Vor dem Durchbruch kommt gewöhnlich erst der Zusammenbruch. Die Kunst besteht darin, keine Angst davor zu haben. Denn diese Klärung vom Schmutz ist notwendig. Sprecht über unangenehme Dinge, hört euch gut zu im Bewußtsein, daß das meiste des zwischen euch Gesagten lediglich Projektion ist, ihr erfahrt auf diese Weise viel über den Sprecher. Holt euch Hilfe bei einem erfahrenen Freund, wenn ihr alleine nicht zurechtkommt. Auch kann es sein, daß etwas schlichtweg vorbei ist. Da müßt ihr unterscheiden. Mit der Zeit werdet ihr jedenfalls Durststrecken schon kennen und immer besser handhaben lernen, weil ihr wißt, daß sie nicht das Ende, sondern mächtige Vorboten einer neuen Klarheit sind. Und denkt daran: Massiert euch vor einem Streitgespräch. Denn durch die Massage könnt ihr Zusammenhänge besser begreifen. Ihr seid jetzt entspannter, mehr bei euch. Und so schließt sich der Kreis wieder: Meditation-Ruhe-Klärung-Unruhe-Yin-Yang.

Bei allem, was wir tun wollen, ist es gut, zuvor still zu sein, egal ob es sich um das bevorstehende Essen, irgendeine Arbeit, ein Zusammensein mit Freunden, ein schwieriges Gespräch, Kartoffelschälen oder sonst etwas handelt. Alles gelingt danach besser. Diese kurze oder längere Meditation vor allem Tun bringt uns ins Fließen. Die Stille des Meditierens macht uns durchlässiger für die Energien, baut innere Spannungen ab, so daß wir in unserem nachfolgenden Tun total aufgehen. Alles bekommt eine Selbstverständlichkeit. Wir gewinnen das Gefühl, das alles so wie es ist, richtig ist. Wir verstehen die Dinge plötzlich, es erweitert sich etwas. Wir fühlen uns dankbar bereichert für alles, was passiert. Es gibt kein gut oder schlecht mehr. Damit sind wir dabei, die Dinge zu meistern. Wenn du dir einfach probehalber einmal vornimmst, von **alten Glaubenssätzen** Abstand zu nehmen. Ich meine damit Sätze wie: »Man darf nicht alles sagen, sonst haut der andere ab«, oder: »Wenn ich jetzt heule, was soll sie/er dann von mir denken, sie/er will doch einen starken Partner/in«, oder: »Ich darf ihn nicht bitten, mich da so und so zu berühren, das muß er doch von alleine spüren, wenn er mich wirklich liebt«, oder: »Ich kann doch gar nicht massieren, das muß man doch erst ordentlich lernen«, oder: »Unter der Woche macht man morgens keine Massagen, da hat man zu arbeiten«, oder: »Wenn ich mich wirklich fallen lassen soll, muß ich erst mal ein Glas Wein trinken«, oder: »Sex schwächt« oder: »Eine richtig tolle Frau kann ich sowieso nicht befriedigen«, oder: »Es geht nur einmal pro Nacht«, oder: »Wenn ich einen Orgasmus habe, muß sie mindestens drei haben«, oder: »Richtiger Sex, das ist alle Stellungen durch«, oder: »Groß muß der Pimmel sein«, oder: »Sex mit Meditation, da bin ich zu blöde zu«, oder: »Nur Massage und kein Sex, das kriege ich nicht hin, was soll denn daran toll sein«, oder: »Ich bin zu jung, ich habe noch zu wenig Erfahrung«, oder: »Huch, das ist ja was Neues, nein, da gehe ich nicht ran«, oder: »Au, das macht mir zuviel Angst«, oder: »Oh, da kommen ja zu viele Gefühle hoch, das kann ich nicht bewältigen«, oder: »Dabei könnte ich mich ja auflösen, das ist zu gefährlich«, oder (das war meine eigene Ausrede): »Überhaupt, bei einer solchen Massage so lange passiv zu sein, das halte ich ja gar nicht aus«, oder: »Meinen Verstand abschalten, wie soll ich denn das machen?!«, oder: »Das ist zuviel Lust, das ist zu schön, um wahr zu sein, das verdiene ich ja gar nicht«, oder: »So eine Massage darf man doch nicht mit wollüstigen Gebärden vermischen«, oder: »Also, entweder will ich einen richtigen Orgasmus, oder ich will gar nicht«, oder: »Alle Männer lieben harten, sportlichen Sex!« ... Ganz abgesehen von noch altmodischeren, aberwitzigen Vorstellungen, die es ja weiterhin gibt. Du wirst staunen, wenn du dich auf solch ein Experiment einläßt.

Bei vielen Menschen, die schon Therapien gemacht oder in Gruppen gearbeitet haben, können, und das ist außerordentlich häufig, gewisse **past-lifes** restimuliert worden sein. Wenn früher sexueller Machtmißbrauch stattgefunden hat, kommen bei Nähe dann unangenehme, sehr irritierende Gefühle auf, die zu starken Angstzuständen und zu Nervenzusammenbrüchen führen können. Eine scheußliche Sache, die ich sehr intensiv selbst erlebt habe. Was sich da an Verzweiflung ansammeln mag, der dann oft aus Unkenntnis nicht abgeholfen wird, habe ich bei Seminaren und des öfteren in meinem eigenen Praxisraum erlebt. Wir sollten diesen Verzweifelten Mut machen.

Laß also alle Vorstellungen, wie euer Miteinander sein soll, fallen. Laß dich auch nicht von Gewohnheiten, wie man etwas macht, beschränken. Sag alles, vorher, nachher, mittendrin. Meine Erfahrung ist, je inniger und stiller du dem nachspürst, was da geschieht, desto tiefer geht deine Erfahrung. Das setzt allerdings einen »guten Draht« der beiden Menschen zueinander voraus. Sie sollten schon eine Weile miteinander auf dem Weg sein und somit schon einige »Durchbrüche« zusammen erlebt und überlebt haben.

Gebt vor allem den Selbsthaß auf, den jeder versteckt in sich trägt. Gib den Satz in dir auf: »Ich kann nicht!«, denn mit einem solchen Satz legst du dich gerade darauf fest, daß es nicht geht. Viele positive Feedbacks sind eine köstliche und erlaubte Angelegenheit, denn sie vermeiden Aggressionen und überhaupt Gefühlsanstauungen. Auf diese Weise werden auch die Zusammenbrüche weniger explosiv und die Durchbrüche seliger.

Bei eurer Massage findet wie bei jeder Interaktion ein **Energieaustausch** statt. Das Geheimnis dabei ist, daß du, je mehr du gibst, desto mehr bekommst. Das Geben muß dabei allerdings selbstlos geschehen, ohne alle Vorstellungen, was du dafür haben willst oder gerechterweise zurückbekommen solltest. Auch das ist eine Lüge, nur opfern zu wollen, um selbst im Grunde etwas zu kriegen und herrschen zu können. Ihr schadet euch selbst mit einer solchen Haltung. Der andere wird irgendwann sauer, wenn seine Vorstellungen nicht der Wirklichkeit der Situation entsprechen und Erwartungen nicht erfüllt werden. Spricht man nicht rechtzeitig darüber mit dem Partner, bauen sich Zurückhaltungen wie eine Wand auf, und man muß schlimmstenfalls und normalerweise sich trennen. Oder aber man wird besonders abhängig, um vielleicht doch noch zu kriegen, was man bisher noch nicht bekommen hat. Wenn der Partner wach genug ist, merkt er an winzigen unbewußten Anzeichen, was vorgeht, und kann versuchen, dem anderen die Zurückhaltungen zu nehmen. Zurückhaltungen entstehen immer aus Angst vor Konfrontation. Sie sind Beurteilungen der Welt, entstanden aus Selbsthaß und den damit verbundenen Kleinheitsgefühlen. Das wiederum hängt mit verdrehten Gedankenmustern aus der Kindheit und aus früheren Leben zusammen.

Wir waren beim Geben. Wenn du gar nicht weißt, daß du gibst, ist das die absolute und einsame Spitze. Der Weg dazu führt über das Spontansein. Gehe stets dem nach, was dir Spaß macht. Allerdings solltest du gelegentlich schon einmal ernsthaft darüber nachsinnen, was du generell im Leben willst, damit die Spontaneität nicht in einen reinen Konsumtrip umkippt.

Männliche und weibliche Energie sind verschieden. Wenn zwei auf mehreren Ebenen – körperlich, geistig, seelisch – sehr gut harmonisierende Menschen sich nahe kommen, berührt sich diese Energie durch die Aura oder den Sex, und es findet eine Vermischung dieser Energien und der Auren statt. Wir können das gewöhnlich nicht sehen, nehmen es jedoch als ein tief beglückendes Gefühl der Einheit wahr. Wer sich nach solchen Erlebnissen nicht gut fühlt, sollte sich klar darüber sein, daß etwas nicht stimmt. Entweder passen die Energien nicht zusammen oder es ist Macht im Spiel. Ungute Gefühle nach erfolgter Nähe haben mit negativen Gedanken zu tun, die uns leider nicht immer bewußt sein müssen. Wir können sie durch Meditation ausräumen. Jede Energie hat – manchmal auf eine wirklich verdrehte, negative Weise – etwas mit Liebe zu tun. Deshalb liegen Liebe und Haß auch so nahe beieinander. Stellen wir uns diesen Gedanken mutig und bewußt. Wir haben grundsätzlich immer die Wahl, mutig auf Ziele zuzugehen oder aus Schwäche und Gewohnheit zu resignieren.

Je sensibler du deine eigene Energie spürst, und das wirst du bei der Meditation, desto empfindsamer wirst du auch für die Energien anderer. Es gibt Menschen, die andere »aussaugen«, bewußt oder auch unbewußt. Wir haben das alle schon erlebt.

Wenn sich zwei Menschen wirklich lieben, macht das eine gute Atmosphäre und zieht eine Menge anderer Menschen an. Treten irgendwann Schwierigkeiten auf, so muß das noch nicht das Ende der Beziehung bedeuten. Wichtig ist, daß wir in uns selbst und in den anderen Vertrauen haben. Unbewußte negative Gedankenmuster verursachen unsere Schwierigkeiten mit uns selbst und mit anderen. Immer mehr Menschen suchen heute nach Wegen, Sexualität und menschliches Miteinander auf neue Art zu leben. Ich bin fest davon überzeugt, daß uns das gelingen kann. Das wird wahrhaftig das neue Zeitalter sein.

Wenn zwei in Vertrauen bereit sind, alles voneinander anzunehmen, und das heißt auch gerade den Schmerz, die Affigkeiten und Mächtigkeiten, entsteht eine Grundlage, auf der man aus der unbewußten Negativität, die sich durch schmerzvolle Erlebnisse, denen wir hilflos ausgeliefert waren, in uns angesammelt hat, herauskommen kann. Durch beiderseitiges, liebevolles Annehmen werden solche Gefühle bewußt und können kräftig zusammen durchgearbeitet werden. Es ist eine anstrengende Zeit, in der leider noch viele Partnerschaften aufgegeben werden. Was ich zuvor beschrieben habe, soll dazu beitragen, daß Paare und andere Menschen, die zusammengehören oder zusammengehören möchten, diese Durststrecke mutiger überstehen. Ganz, ganz wichtig ist hier, den Gefühlen freien Lauf zu lassen. Damit haben Frauen weniger Schwierigkeiten. Den Männern aber fällt es meistens schwerer, sowohl selbst Gefühle zu haben und zu zeigen als auch sich mit dem Dramatisieren zu konfrontieren. Frauen dagegen fällt es schwer, ihre männliche Seite zu leben, die große Stärke, die Frauen besitzen, anzuerkennen. Frauen dürfen ruhig sachlicher werden, und viele Männer sollten mehr Mut zu Gefühlen haben. Häufig leben Paare ihre unterdrückten Seiten unbewußt durch den anderen aus. Das hilft aber keinem, klarer zu werden über die Mechanismen zwischen Mann und Frau, die uns so oft schon zur Verzweiflung gebracht haben. Mit der Qualität der Beziehung zwischen Mann und Frau stehen und fallen aber alle Gesellschaftsformen. Es gibt am Ende dieses Kapitels Übungen, die helfen sollen, daß zwei Menschen in einen klaren und bewußten Zustand kommen können. In einem solchen Zustand könnt ihr euch gegenseitig besser sehen. Streitgespräche werden dann fruchtbarer, und ihr könnt Nähe intensiver erleben.

Nun wollen wir noch etwas auf die schöne Spannung zwischen zwei Liebenden schauen und darauf, was diese noch vertiefen kann.

Sprechen wir über **Liebe**. Es mag während einer Massage passieren, daß ihr erregt werdet. Laßt euch davon einmal nicht zum Sex wegtragen, sondern laßt die Erregung ruhig geschehen und genießt die Massage weiter. Bleibt im Sich-Erweitern und achtet auf ruhige, tiefe und langsame Atemzüge. Macht nichts nach außen hin. Nehmt aus dieser Unbewegtheit heraus euren Partner wahr, vielmehr noch: Fühlt seine Energie. Ihr werdet ihn inniger und genauer spüren als sonst. Erregung muß nicht immer in Sex enden. Allein diese Spannung zu spüren ist beglükkend. Die Massage fördert das Spontansein. Du kannst viele Variationen erfinden. Verfalle nicht in Gewohnheiten, sie sind wie ein lauer Frühstückskaffee. Bleibe immer spielerisch, mit einem inneren Lächeln, das nach außen gar nicht in Erscheinung treten muß. Wir haben ein großes sinnliches Potential und nutzen es in geringem Maße. Erregung ist etwas Schönes, wir sollten sie als einen faszinierenden Zustand auskosten, der nirgendwohin führen muß, sondern der das Recht hat, sich selbst genug zu sein. Nicht einmal die Sehnsucht nach jemand anderem, nach einem Du, muß dabei aufkommen. Das sind alles Festlegungen, Gewohnheiten, Denk- und Fühlweisen. Dem Körper geht es ganz einfach gut.

Dem Hasten auf den Sex zu kann außer mit Gewohnheit auch etwas mit tief verwurzelten sexuellen Blockaden zu tun haben. Es kann sein, daß wir Schuldgefühle oder Angst, auch Angst vor Versagen haben. Warum sollten wir nicht auch mit gegenseitiger Berührung zufrieden sein? Viele Menschen, vor allem viele Frauen, haben mir erzählt, daß das Schönste an der Liebe für sie das Vorspiel sei. Das Ende ist gar nicht wichtig. Festlegungen sind immer Einschränkungen. Die Qualität des Anfangs bestimmt immer alles Weitere. Und die Männer werden sogar erleichtert sein, wenn sie nicht unter dem Druck stehen, daß man unbedingt miteinander schlafen muß. Laßt euch Zeit. Es ist ungemein befriedigend, fröhlich – und schön – machend und heilend, wenn der nach Zärtlichkeit dürstende Körper über Stunden hin massiert wird. Schaut einmal nach einem solchen Fest des Streichelns am nächsten Tag in den Spiegel!

Erregung kann kommen und gehen. Sollte sie verschwinden, so brauchst du nicht frustriert zu sein. Je mehr du in Meditation bist, also entspannt und dessen gewahr, was geschieht, desto mehr wirst du fühlen, weil du bewußter bist. Je liebevoller du dich dem anderen gegenüber fühlst, desto tiefer wirst du empfinden. Massage ist ein schöpferischer Akt, ein Akt der Zeugung. Ihr erzeugt eine ungeheure Menge von Energie. Allein schon dadurch, daß ihr euch einander gegenübersetzt und euch anschaut, sofern ihr euch völlig einlaßt. Dieses Einlassen beinhaltet eine starke Verpflichtung, die wir aufgrund der Sexwelle vergessen haben. Sicheinlassen bedeutet, den anderen und seine verschiedenen Wirklichkeiten präziser als üblich zu sehen. Eine solche Art von Miteinander verpflichtet, da dieses Sehen immer zu einer Art Verschmelzen führt, zum Teilen, Teilnehmen. Damit kann ein wirkliches Vermischen der Energien und Auren stattfinden und eine erfüllende Tiefe erreicht werden.

Miteinander und Verpflichtungen verbinden. Eine auf solche Weise zustandegekommene Begegnung erschöpft sich nicht in einem gelegentlichen Beisammensein. Da bewegt sich etwas, geschieht etwas, wächst etwas. Werden da nicht Ideale, Lebensziele und Lebenssinn berührt? Da entsteht eine Beziehung auf- und miteinander. Nennen wir das nicht Liebe?

Liebe ist immer in der Gegenwart. Und das gilt auch für die Meditation. Je gegenwärtiger wir uns erleben, desto mehr lieben wir uns selbst, den Partner, die anderen, die Natur, die Welt, alles. Das weitet sich aus wie die Wellen rings um einen ins Wasser geworfenen Stein. Sex ohne Liebe ist nichts Gegenwärtiges, schwächt, bereichert nicht, erfüllt nicht, macht krank, von Müdesein bis Aids.

Ich glaube, es ist an der Zeit, viele der heutigen Formen von Beziehungen einmal aufs Korn zu nehmen. Es sind die Beziehungen von lauter Einsamen, die ihre Illusionen verloren haben. Das Zerstören von alten Formen war nötig. Nun haben wir allerdings genug Erfahrungen mit dem Beziehungstohuwabohu gesammelt, daß wir die ersten Gehversuche auf eine neue Struktur hin unternehmen können. Sind wir denn wirklich damit zufrieden, daß wir im Grunde beziehungslos sind und nicht aufeinander eingehen, daß wir viele oberflächliche Beziehungen haben? Viele meiner Freunde und Bekannten leiden bewußt oder unbewußt an einem Gefühl des Gestrandetseins und der Einsamkeit, trotz Beziehung. Der Mut ist wieder da, etwas Neues auszuprobieren, die Beziehung der Zukunft zu kreieren, weil die Verzweiflung tief genug ist.

Die Beziehung zwischen Mann und Frau der Zukunft hat außer mit Freiheit und Unabhängigkeit wieder mit wirklicher Liebe zu tun. Auch die Öffnung von außen zu einer Gruppe von Gleichgesinnten ist wichtig geworden. Die besten und wegweisendsten solcher Gruppen werden sich auf eine demütige Weise vom Alltäglichen abheben und be-

sondere Ziele verfolgen, die darauf ausgerichtet sind, daß jeder sich selbst entfalten darf und mehr individuelle Freiheit gewinnt.
Eine solche Gruppe kann ein Kreis von Freunden sein, in dessen Rahmen jeder er selbst sein darf. Man kann gleiche Interessen und Ideen austauschen. Dabei handelt es sich also um eine neue Art von Familie, die nicht einengt. So wird die heute ungenügende Kommunikation zwischen zweien gefördert und auf ein höheres Niveau gebracht. Bedingungen, die Liebe verhindern, können abgebaut werden, und echte Selbstlosigkeit wird zunehmen.

Liebe ist immer gegenwärtig, nie in der Zukunft.

Natürlich werden wir immer wieder einmal Angst haben, werden aus Angst Macht haben wollen, uns Sorgen machen, abhauen, uns anklammern, nicht frei sein wollen, nicht teilen wollen. Doch jeder Schritt in Richtung Loslassen, durch Meditation im Zustand des Sich-Erweiterns, macht angstfreier, fröhlicher, mutiger. Es wird immer leichter. Auch die Weggenossen werden zahlreicher. Habe nur den Mut, zu deinen wirklichen Wünschen zu stehen. Sie werden von mehr Menschen geteilt, als du glaubst. Jedes echte Miteinander, geistig und physisch, bewirkt etwas, bei dir und auch nach außen, zu anderen. Dieses Verschmelzen, auch wenn es zuerst nur zu einem Teil geschehen mag, macht liebevoll, bewußt und entspannt.
Und da schließt sich der Kreis der Meditation wieder. Warum Meditation nicht auf eine so wunderschöne Weise feiern?
Gib dich also bei der Massage und auch sonst deinem Partner und den wissenderen Teilen deines Wesens hin, einem Wesen, das von alten Blockierungen frei, ewig und wahrhaft liebend ist und keine Trennung vom anderen kennt.
Gib dir endlich einmal die Erlaubnis, dich gehenzulassen. Du brauchst es nur zu denken, dann geschieht es schon. Erlaube dir intensive Befriedigung, Genuß.
Folge dem Impuls, der dem Sichanschauen oder anderen Arten von Nähe folgt oder mit ihnen einhergeht. Wenn du den Mut hast, diesen Impuls nicht zu unterdrücken, wird er unendlich anwachsen und deinen Bewußtseinszustand, dein Sein stärker verändern als jede Droge. Entstehenlassen von Energie geht besonders *nach* Massagen vor sich. Laßt euch dann eine Zeit allein, damit das geschehen

kann. Die Erfahrung, mit sich allein glücklich zu sein, ist so wichtig für erfüllende Beziehungen zu anderen. Neben einer ungekannten Zufriedenheit und einem ungeheuren Glücksgefühl können Gefühle des Schwebens auftreten, ein Verlust des Zeitgefühls, Summen auf der ganzen Haut, ein Platzen vor Energie, man fühlt sich jenseits von Gut und Böse, hat Lichterscheinungen. Negatives wird hinweggespült, alles wird leicht, spielerisch, mühelos, als ob man fliegt oder tanzt.

Wir kommen nun zu den einzelnen Übungen, wobei, wie bereits angekündigt, zuerst »Feinstofflicheres« geboten wird, das den Massagen auch gut vorangestellt werden kann, und dem später noch einige Massagetips für eine erotische Massage folgen sollen. Probiere und entscheide für dich, ob und welche Übung dir etwas bringt oder nicht. Eines ist nicht für alle. Oder laß das Folgende Anregung für eigene Erfindungen sein – der Phantasie sind hierbei keine Grenzen gesetzt.

Erotische Übungen, um in die Stille des Herzraums zu kommen

Atmen

Achte auf warme Füße. Das ist auch bei den anderen Übungen und Massagen immer eine wichtige Sache. Alles läuft einfach besser. Du kannst die folgende Übung auch allein machen, im Sitzen oder im Liegen.

Ihr setzt euch einander gegenüber und schaut euch an. Stell dir vor, daß du nach oben und unten offen bist, wie ein Kanal. Der Gedanke daran allein genügt, macht euch keine Sorgen über die Wirkung. Laßt die Hände locker im Schoß ruhen. Beginnt mit ganz langsamen, tiefen Atemzügen, die nach außen kaum zu bemerken sind, und beobachtet, was geschieht. Es kann immense sexuelle Erregung entstehen. Bleibt im gleichen Rhythmus und bewegt euch nicht. Atmet gut durch die Nase ein und aus, solange es euch Spaß macht.

Schütteln

Stelle dich hin und schüttle alles einmal gut durch. Du kannst dabei auch herumhopsen und ein bißchen Töne machen (bu-bu-bu, o.ä., oder nur Vokale). Schüttle senkrecht und quer, indem du die Arme entgegengesetzt zum Becken bewegst, wobei der Bauchraum unbedingt locker gehalten werden muß. Diese Übung setzt angestaute Energien frei. Ihr könnt rhythmische Musik dazu wählen.

Einander fühlen

Findet eine bequeme Stellung und legt euch gegenseitig die Hand auf Herz, Bauch oder Genitalien. Atmet wie zuvor und spürt, was Herrliches passiert.

Lernt, daß ihr an der jeweiligen Stelle jederzeit auf- oder zumachen könnt und von welchen Gefühlen euer Verhalten begleitet wird. Macht diese Übung mindestens 20 Minuten.

Übung für Einsame

Streichle kurz vor dem Einschlafen oder kurz nach dem Aufwachen dich selbst, vor allem den Bauch. Atme gut, langsam und tief. Spüre, wie du lernst, dich zu lieben. Mache diese Übung öfter und nimm deine Fortschritte wahr.

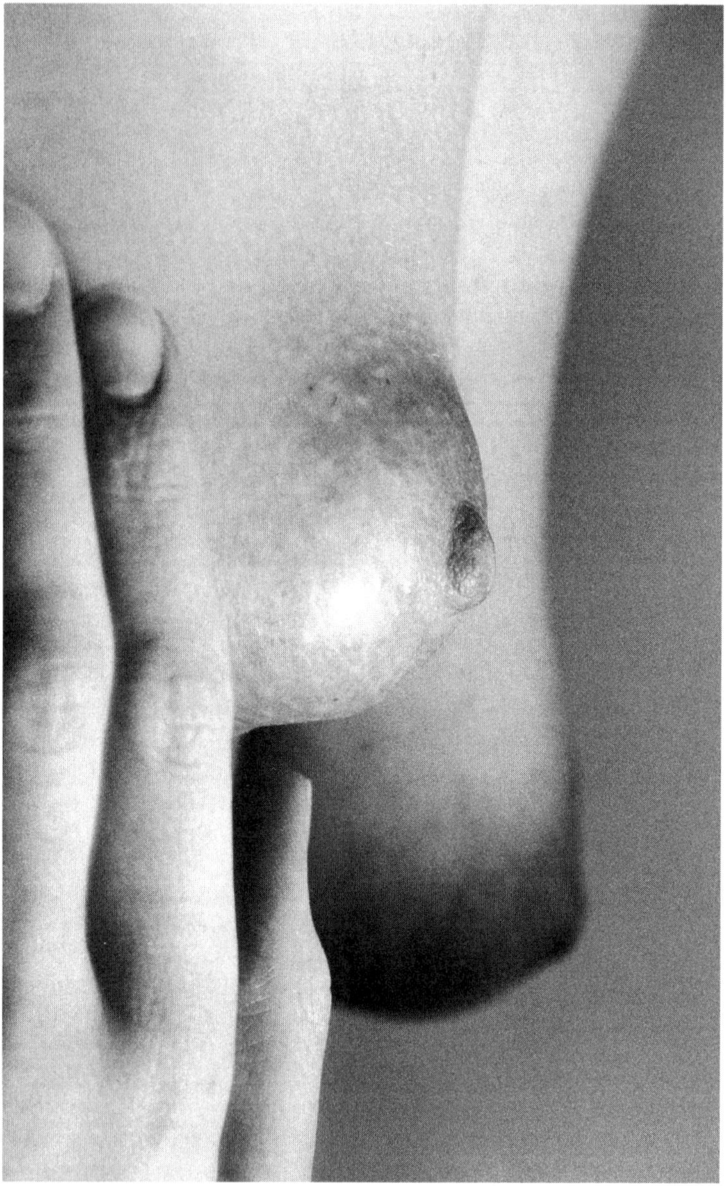

Sich annehmen

Diese Übung stellt ein gutes Anfangsritual dar. Setzt euch zu einem guten Zeitpunkt einander gegenüber, schaut euch an, atmet eine kleine Weile. Danach sagt euch das, was ihr gerade fühlt. Etwa, daß ihr euch gerade sehr verbunden fühlt zum anderen, euch freut an seiner Nähe, ihn akzeptiert und euch Wellen der Liebe überfluten.

Fahrt fort, es bekommt eine eigene Dynamik, die euch überraschen könnte.

Atemvereinigung

Legt euch nebeneinander, ganz frei, wie ihr gerade wollt, und nehmt euch bei der Hand. Atmet gemeinsam wie zuvor. Bleibt so eine Weile.

Berühren im Liegen

Ein Partner berührt den anderen über den ganzen Körper hin in ganz langen Strichen mit den Fingerspitzen von oben nach unten. Seid ganz sacht und langsam. Der Liegende ist vollkommen still. Behandelt die Geschlechtsorgane wie jedes andere Körperteil. Ihr könnt sie auch auslassen, ganz wie es die Situation erfordert.

Berühren im Sitzen

Ihr sitzt voreinander. Ein Partner legt dem anderen, der die Augen geschlossen hat, die Hände ganz zart auf den Körper. Beginnt mit dem Gesicht. Seid langsam und spürt alles. Ihr könnt vor oder nach dieser Übung auch nur die Augen schweifen lassen und genießen. Nach jedem Teilansehen schaut ihr euch an.

Vielleicht wollt ihr danach über eure Empfindungen sprechen?

Sein erfahren

Lege dich allein oder neben deinem Partner bequem hin und atme wie gewohnt. Atme tief und langsam in einem gleitenden Rhythmus. Mache nach dem Einatmen immer eine winzige Pause. Schaue dem Atem zu, wie er sich in deinem Körper bewegt und wo er überall hingeht, ob er zuerst zu den Beinen oder in den Kopf oder woanders hingeht.

Fühle den Körper, spüre, auf welche Weise er mit dem Atem mitgeht, spüre die Organe, Muskeln und Gliedmaßen. Nach einer Weile wirst du fühlen, daß gewöhnlich angespannte Teile locker werden, eine wundervolle Erfahrung

Spüre, wie dein System beim Einatmen alles aus dem Kosmos bekommt, was es benötigt. Das Ausatmen ist ein Abgeben, ein Loslassen des Nichtbenötigten,

des Überfälligen ans All. Es ist ein Riesenakt, der sich da vollzieht und dem du gewöhnlich gar keine Beachtung schenkst und der dich mit allem verbindet!
Spüre, wie die Luft Energie über die Lungen in deinen Körper bringt, bis in alle Zellen. Du kannst es richtig sehen. Es wird heiß in Händen und Füßen, auch im Bauch. Selbst die ausgeatmete Luft geht an die Pflanzen und weiter an die Erde. Du bist Teil von allem. Stelle dir ringsumher weißes Licht vor, so wie in den spanischen Bergen im Herbst. Stell dir vor, daß du es mit jedem Atemzug einatmest. Dieses Licht ist immer da, fülle dich damit. Falls sich eine andere Farbe einstellt, laß sie zu, denn sie ist bestimmt gerade richtig. Folge deiner Intuition.
Spüre wieder, wie sich in deinem Körper etwas löst, vor allem im Bauch. Fühle, wie der Brustraum weiter wird. Gehe in Gedanken liebevoll überall dorthin, wo du Spannungen und Schmerzen spürst. Gehe langsam vor, verweile bewußt. Summt es? Vielleicht werden dir in diesem Augenblick Dinge klar. Ziehe das Licht im Herzen zusammen, versieht es mit einem tüchtigen Schuß Azurblau und laß es immer dort sein und in die Welt ausstrahlen.

Hand gegen Hand
Ein Partner liegt, der andere sitzt an dessen Kopfende. Berührt euch vorerst nicht. Atmet beide ungefähr zehn Minuten, besser noch länger, im bekannten äußerst langsamen Rhythmus. Nach einiger Zeit hebt der Liegende seine Hände empor und der sitzende Partner hält seine Handflächen mit wenigen Zentimetern Abstand darüber.
Beobachtet, was passiert. Atmet sehr still und tief weiter. Bewegt euch nicht und streichelt euch nicht.

Trommeln
Ein Partner liegt, der andere trommelt mit den Fingerspitzen den ganzen Körper des Liegenden leicht ab. Dann dreht sich der Liegende um, und du trommelst auch die andere Seite ab. Diese Übung sollte zehn Minuten dauern. Danach wechselt ihr. Widmet dem Raum über dem Herzen, am Sitz der Thymusdrüse, besondere Aufmerksamkeit.

Streichen
Stelle dich hin oder knie und schließe die Augen. Dein Partner streicht mit beiden flachen Händen nach oben über deinen Körper bis über den Kopf hinaus, aufmerksam mit den Bewegungen mitgehend. Achte beson-

ders auf die Partien vom Schambein bzw. Kreuzbein aufwärts. Beobachtet beide, was geschieht.

Alles Negative fallenlassen

Stellt oder setzt euch mit geschlossenen Augen für ungefähr 5–15 Minuten voreinander hin. Achtet dabei wie sonst auf einen langsamen Atem. Spürt, wie sich euer Bewußtsein langsam verändert, wie ihr nach oben und unten offener werdet.

Seht nun den Partner an und ruft euch ins Gedächtnis, wie ihr ihn im Alltag oft seht. Gehetzt, pampig und unvollkommen. Fühlt eure Gedanken, laßt sie ohne Urteil da sein, nehmt sie an. Ihr müßt nichts unterdrücken. Achtet weiter auf den Atem. Hüllt euch nun in goldenes Licht ein und geht mit eurer Aufmerksamkeit ins Herz. Achtet gleichzeitig immer auf die Verbindung zu Himmel und Erde, zu oben und unten.

Nun lasse jeder seine Gedanken wandern zu dem, was ihm am anderen gefällt. Spüre, wie deine Liebe alles Trennende überwindet. Spüre, daß der andere nicht vollkommen zu sein braucht, weil du nichts durch ihn ausleben mußt.

Laßt die Verbundenheit immer stärker werden, bis ihr ganz erfüllt davon seid.

Dann beginnt, euch sanft zu streicheln, zuerst das Gesicht...

Einander spüren

Der größere Partner liegt auf der Seite. An dessen Bauch begibt sich der andere mit seinem Rükken. Der erste Partner hält ihn mit einer Hand, zart berührend. So kann man eine ganze Nacht liegen und sich sanft streicheln. Auf diese Weise verbringt man einmal wirklich eine Nacht miteinander und nicht mit Schlaf. Auch die Genitalien können beteiligt sein. Ihr könnt mit kleinen Beckenbewegungen immer wieder Lust erschaffen. Kreiert selbst weiter. Habt keinen Orgasmus, denn die Energie kann sehr hoch gehen.

Das gleiche kann auch im Sitzen geschehen. Die Partnerin sitzt im Schoß des Mannes und beide halten sich sehr leicht. Spürt einige Zeit dem Geschehen nach.

Kosmischer Tanz

Stellt euch voreinander hin und atmet heftig mit offenem Mund. Berührt euch nach einigen Minuten Stirn an Stirn und atmet in langsamen, tiefen Zügen. Füllt euch mit Vertrauen zu euch und zum anderen. Nach einiger Zeit werdet ihr fühlen, wie sich bestimmte Körperstellen irgendwie bewegen wollen. Gebt dem nach. Die Bewegungen kommen ganz von allein, es ist eine herrliche Lockerung. Es kann an ganz verschiedenen Stellen geschehen. Vielleicht kommen auch Bilder, Erinnerungen an ferne Vergangenheiten, in denen man den Partner schon einmal kannte...

Wenn ihr das Gefühl habt, daß es reicht, atmet ein paarmal ordentlich durch und streckt euch genußvoll. Sprecht miteinander über eure Erlebnisse.

Zusammenliegen

Ein Partner liegt auf dem Rükken, der andere an der Seite, halb auf dem Körper des anderen, das Bein zwischen den Beinen des Partners. Atmet sanft und liebevoll und beobachtet die Energie. Wendet Gesicht zu Gesicht und haltet einander zart. Es kann den Magnetismus stark erhöhen, wenn ihr euch ganz auf die Energien zwischen euch konzentriert.

Die Herzenergie kreisen lassen

Du hast vielleicht gerade das Herz deines Lieben massiert oder bist noch dabei. Du merkst, wie die Herzenergie subtil zwischen euch zu fließen beginnt. Das Herz wird geöffnet, er/sie macht auf. Du sitzt an der linken Seite des Liegenden. Lege deinen linken Handteller unter seinen, und zwar so, daß sich der Liegende überhaupt nicht anstrengen muß, diese Position zu halten, ihr tut alles mit ihm, was nötig ist. Der Liegende ist vollkommen passiv. Achte darauf, daß sich wirklich beide Handteller mit den Innenflächen berühren, denn hier fließt die meiste Energie. Lege nun deine Rechte behutsam auf die Stelle des Herzens. Bleibt so geraume Zeit und atmet sacht und in langen Zügen miteinander. Teilt die aufkommende Stille, lauscht und fühlt.

Einander im Arm halten

Umarmt euch auch nach der Massage eines Partners oder auch nach einem vollständigen Austausch. Ihr seid nackt und steht auf einer festen, warmen Unterlage. Haltet euch nicht zu fest umarmt, habt aber auch nicht zuviel Abstand. Macht keinerlei Gesten, spürt nur die Energie. Atmet zusammen und lauscht. Falls nach einer Weile zärtliche Bewegungen geschehen wollen, macht diese nur ganz zart, langsam und weich. Laßt euer Spiel ein Tanz sein. Er mag euch in die Ewigkeit führen.

Erotische Massagen

Wenn ihr einige der eben beschriebenen Übungen mit der Energie als Einstimmung für eine Massage nehmen wollt, dann habt ihr hier nun wie versprochen fürs erotische Massieren noch einige festere Vorschläge. Das heißt nicht, daß das zuvor Beschriebene nicht auch herrlich erotisch auf Körper, Geist und Seele wirkt. Vermeidet schmerzvolle Striche und arbeitet zarter, zärtlicher als bei der normalen Massage. Das sanfte Ausstreichen und Streicheln soll überwiegen. Arbeitet mit viel Gefühl mit den Fingerspitzen. Falls es zuvor sexuelle Schwierigkeiten gab, kann ein solches Verhalten eine Auflockerung bringen. Überhaupt stellt die Massage ein schönes Vorspiel dar. Es darf also richtig erregen. Bleibt nicht an den Genitalien hängen, sondern bezieht sie nur leicht mit ein oder gar nicht. Verlaßt euch ansonsten auf eure schöpferische Intuition. Wenn es um Erotik und Sex gehen soll, könnt ihr die Striche und Griffe der großen Massage oder Teile davon mit folgendem ergänzen:

– Fahre beim großen Streichen an den Beinen mit der jeweils entsprechenden Hand ganz zart zu den Genitalien herab.
– Streiche mit einem Finger oder der Zunge ganz langsam zwischen allen Zehen hin und her.
– Massiere ganz speziell die Brust des Partners. Nimm beide Handflächen und knete sie zart, wenn es deine Partnerin ist. Fahre mit einem Finger rundum von der Brustwarze zur Peripherie.
– Ein Partner liegt auf der Seite oder auf dem Rücken. Fahre mit den Fingerspitzen rund ums Steißbein. Hier kannst du etwas energischer sein. Streiche dann leicht zu den Genitalien, dann nach hinten noch einmal leicht um das Steißbein.
– Verfahre auch so mit dem Bauch. Achte darauf, daß der Unterbauch lustvoll auf ein zartes Pressen reagiert.
– Spüre die Innenseiten der Oberschenkel, indem du ebenfalls bis zum Knie leicht preßt. Fahre dann mit den Fingerspitzen die Furche zwischen Oberschenkel und Genitalien in Kreisen entlang, dabei diese Furche sanft berührend.
– Lege deinem Partner eine Hand auf den Kopf, während die andere an seinem Damm, das ist die Stelle zwischen Genital und Anus, ruht, und verweile.
– Der Partner liegt auf der Seite. Der andere streichelt einige Male mit einer Hand vom Genital die Wirbelsäule entlang bis herauf zum Nacken, wo er sanft drückt.

- Massiere die Genitalien mit viel, viel Öl.
- Das alles geht auch in der Badewanne oder in einem Gewässer sehr schön.
- Streichle den Damm des anderen. Diese Stelle spricht sehr auf Berührung an. Hier sitzt das erste, das Wurzelchakra, das oft nicht richtig funktioniert. Dort drückt sich dein Verhalten zu Sex und Lebensbewältigung aus. Spanne deinen Schließmuskel sowieso von Zeit zu Zeit an. Das ist eine gute Übung für diese Stelle.
- Mache all das, was du eh schon kennst. Bleibe stets im Sich-Erweitern und atme in tiefen, langen und langsamen Zügen. Tu lieber wenig, doch immer mit Konzentration.

Anregungen für andere Formen der Massage, nicht nur für Paare

In diesem Kapitel möchte ich noch auf einige wenige Massagen eingehen, weil ich sie besonders mag. Sie sind angenehm und können außerordentliche Ergebnisse zeigen.
Sie machen zu zweit ebensoviel Spaß wie die bisher besprochenen, doch sind sie spezieller, sie erfordern Erfahrung, d. h. eine größere Wahrnehmungsfähigkeit. Für manche dieser Methoden ist eine Ausbildung nötig. Ein Vorteil ist, daß sie weniger Zeit als die große Massage beanspruchen.

Fußzehendrehmassage

Wenn zwei Partner Probleme durch und miteinander haben, gibt es eine ungemein entspannende, traumhafte Fußmassage, für die ihr wenig Zeit braucht. Sie hilft garantiert, Streit zu vermeiden oder ihn gar aufzulösen. Wenn es also brenzlig wird in einer Beziehung und wenn's im Solarplexus knistert, während man nach außen hin noch süße Harmlosig- und Freundlichkeit versprüht, dann laßt euch doch lieber hiermit verführen. Wenn ihr erst einmal dazu bereit seid, der Unwiderstehlichkeit des nutzlosen Streitens zu entsagen, werdet ihr es immer wieder tun wollen, so erholsam ist es.
Einer legt sich bequem hin. Ihr bleibt bekleidet, denn es geht ja an die Füße. Sind sie sehr kalt, ist ein Fußbad angebracht. Ein guter Tip: Gib ein Kissen oder eine Rolle unter die Knie. Der andere setzt sich in bequemer Haltung vor die Füße. Die Decke, die den Partner wärmen soll, hüllt auch den rechten Fuß ein, denn wir beginnen links, vom Liegenden aus gesehen. Es ist schön, den ganzen Fuß bis hinauf zur Wade oder zum Knie erst einmal in ruhigen langen Strichen einzuölen, immer fußwärts ausstreichend. Dann nimmst du den Fuß in die linke Hand, und zwar so, daß du ihn an der Ferse hältst, während der Daumen an der rechten Fußinnenseite an der Gegend des Knöchels eine Stelle sucht, an welcher der Puls zu spüren ist. Die übrigen Finger spannen sich um die andere Knöchelseite, während der Daumen in Kontakt mit dem Pulsschlag bleibt. Mit der rechten Hand massiert ihr nun der Reihe

nach alle Zehen des Partners, von der kleinen Zehe her beginnend. Nimm diese zwischen Zeigefinger und Daumen, die Zehe an den Seiten berührend, ab und zu dort sanfter oder stärker drückend. Führe ganz langsam kleine Kreise im Uhrzeigersinn aus. Nimm dir genügend Zeit für jede Zehe, es kann ruhig bis zu fünf Minuten je Glied dauern.

Der Partner liegt währenddessen ganz entspannt, mit geschlossenen Augen. Der Kopf ist gerade nach oben gerichtet. Das Kinn befindet sich leicht in Richtung auf die Brust hin, damit die Nakkenmuskeln sich strecken können. Die Hände sollen locker an den Seiten ausgestreckt sein, mit den Handinnenflächen nach oben. Du wirst dabei möglicherweise das Gefühl haben, daß es dir die Arme verdreht. Probiere ein bißchen hin und her, bis du eine befriedigende Stellung gefunden hast.

Beobachte nun, was während der Massage in deinem Körper geschieht. Du wirst vielleicht Energieströme wahrnehmen, ein Glühen spüren oder ein Leuchten. Natürlich tauchen auch wieder Gefühle auf. Vielleicht begreifst du auch plötzlich, warum ihr streiten wolltet und wie lächerlich das alles ist. Oder, falls es sich um wirklich Ernsthaftes handelt, fällt dir plötzlich eine phantastische Lösung ein. Bleibe jedoch mit deiner Wahrnehmung immer in den Füßen und im Körper.

Ihr beide seid von Anfang an wie immer im Zustand des Sich-Erweiterns, d. h. jeder sich seiner selbst bewußt, in unserem Fall möglichst vom Herzen und der gesamten Umgebung aus.

Wenn du das Gefühl hast, daß es nun reicht, und ihr, falls während der Sitzung etwas zu sagen war, alles mit wenigen Worten und so ehrlich und präzise wie möglich gesagt habt, dann drückst du den ganzen Fuß mit der Linken am Ballen kräftig dreimal nach oben in Richtung Knie, während die Rechte an ihrem Platz bleibt, und presse ihn ein paarmal zwischen den Händen nach oben und unten. Fertig. Es folgt der andere Fuß.

Ihr könnt im positiven Fall nun in einem sartoriähnlichen Zustand sein, voller Klarheit und Freude. Es hängt von beider Stärke der Meditation ab. Das Streiten wird überflüssig, die Kommunikation sinnvoller und ergebnisträchtiger werden.

Handauflegen (Shinsendo)

Es folgt nun das Handauflegen, eine alte Übung aus dem Shinsendo, der japanischen Kunst des langen Lebens und des Verjüngens. Die Handinnenflächen und die Finger können Energie aufnehmen und wieder abgeben. Deshalb kann ein sanftes Auflegen auf schmerzende, gespannte oder sonstwie unangenehm sich anfühlende Körperstellen Erleichterung und Heilung bringen. Legt eure Hände einfach dorthin, wo es weh tut. Das kann jeder bei sich selbst tun oder an anderen versuchen. Vergeßt nicht, wie immer im Sich-Erweitern zu sein. Ihr könnt diese Übung bis zu einer Stunde dauern lassen. Die Übung behandelt den ganzen Körper. Du beginnst mit dem Kopf. Setze dich hinter den liegenden Partner, der angezogen bleibt, denn die unsichtbare Kraft, die aus euren Händen fließt, wirkt auch durch die Kleider hindurch. Bei Menschen, die häufig »im Kopf« sind, erfolgt die Behandlung von oben nach unten, bei sehr »erdigen« Personen von unten nach oben. Natürlich kann auch nur die Wirbelsäule oder ein einziges schmerzendes Körperteil oder eine angespannte Stelle behandelt werden. Die Hände liegen immer mit geschlossenen Fingern nebeneinander flach auf dem Körper, die Daumen berühren sich. Die Positionen sind:

1. Auf dem Gesicht.
2. Am Haaransatz. Hier gibt es eine Ausnahme: Die Daumen stoßen mit ihren Spitzen aneinander, die übrigen Finger liegen an den Schläfen.
3. Unter dem Hinterkopf, ihn wie in einem Nest aufnehmend.
4. Am Hals. Die Fingerspitzen weisen dabei jedoch zueinander.

Wir setzen uns nun seitlich an den Körper und legen unsere Hände auf die verbleibenden Chakren, die da sind: Herz, Solarplexus über dem Bauchnabel, Sexchakra kurz unter dem Bauchnabel, Wurzelchakra über dem Schambein, oder mit jeder Hand auf einer Leistenlymphdrüse, also dort, wo das Bein in den Rumpf übergeht. Dann berührt ihr noch Knie und Fußsohle. Nun seid ihr fertig. Ihr könnt dasselbe auch auf dem Rücken an der Wirbelsäule machen. Manchmal könnt ihr sogar Bilder aus früheren Leben sehen. Diese Übung tut ungemein gut und macht vor allem wunderbar ruhig. Die Bioenergie in euren

Händen, diese Lebenskraft, die durch unseren Atem in uns wirkt, wird auch Ki (Japan), Chi (China), Prana (in Hindi und Sanskrit), Ka (im alten Ägypten), Licht (bei Christus), Mana (Kahunas) oder Bioplasma (Sowjetunion) genannt. Sie gleicht Unregelmäßigkeiten und Verdrehungen in unserem Wesen herrlich aus. Diese Kraft hält eine gute Weile vor, bis die vorherrschende Denkhaltung aufs neue hindurchbricht und diese Verdrehungen wieder herstellt. Bei häufiger Anwendung und wenn ihr an eurem Mentalkörper arbeitet (durch »pattern removal« z. B.*), gehen diese ungeeigneten Denkmuster zurück, und die Harmonie bleibt für ständig zunehmende, längere Zeit bestehen.

* »Pattern removal« ist eine erfolgreiche Methode, falsche und daher uneffektive Denkmuster aufzulösen. Vor allem kann man in die unklaren Bereiche gehen, ohne ins Drama und in die gefürchtete Restimulation zu geraten. Diese Arbeit mit sich selbst, mit dem eigenen Unterbewußtsein geschieht durch wirksame Visualisierungen und mit Hilfe höherer Energien. Ich wende diese mentale Methode, deren Anfänge ich bei Gerta Butler lernte, seit längerem an und bin begeistert von den Ergebnissen. Diese Methode ist eine sehr gute Ergänzung zu Massage, Rebirthing (Atemyoga) und anderer Körperarbeit.

Rollmassage

Nun folgt das reine Vergnügen, die Rollmassage, wie ich sie nenne. Haut und Unterhautgewebe werden mit den Fingern immer weitergreifend abgehoben und derart vorwärts gerollt. Dieser Griff entschlackt das Bindegewebe und macht leicht und fröhlich. Er ist tatsächlich etwas Besonderes für den Rücken, aber nicht nur für ihn. Denn man kann diese Massage an allen Körperstellen anwenden.
Bindegewebe gibt es überall im Organismus. Es tritt immer da auf, wo verschiedene Gewebe zusammenstoßen, auch innerhalb von einzelnen Organen. Dort füllt Bindegewebe die in diesen Grenzbereichen entstehenden Lücken auf, so daß wir es mit gutem Grund ebenso als Füllgewebe bezeichnen können. Es dient dazu, Muskeln verschiebbar und damit beweglich zu machen und empfindliche Gefäße und Nerven einzubetten. Es gibt im Körper eine Menge davon. Die Physiologie des Bindegewebes ist von umfassender Bedeutung für den gesamten Organismus. Es ist eine Art Niemandsland, durch das hindurch sich der ganze Stoffwechsel vollzieht. Die vielfältigen Aufbausteine und Abbauprodukte des Körpers gleiten aneinander vor-

bei. Es finden enorme chemische und physikalische Reaktionen statt. Hierhin senden die Nerven ihre Reize und die Hormone ihre sich auf den gesamten Organismus auswirkenden wichtigen Befehle. Auch Blut und Lymphe fließen hindurch, und der eingeatmete Sauerstoff gibt sein Bestes, nämlich seine Energie her. Hier werden also die äußeren Energieimpulse in eine Form gebracht, mit der der Körper etwas anfangen kann. Das Bindegewebe könnte man also als eine ungeheuer komplexe Fabrik bezeichnen. Auf diese Vielfältigkeit können wir durch Pressen und Abheben des Bindegewebes einwirken. Die Haut wird zwischen die Finger und den Daumen genommen, ein wenig hochgehoben und nach vorne gerollt. Am Rücken gelingt das am besten, weil er eine große ebene Fläche bietet. Eine solche Massage ist dort besonders zweckmäßig, weil wir hinten so vieles wegstecken, dahin, wo es uns nicht so schnell wieder unter die Augen kommen kann.

Beginne unten an der Wirbelsäule, rolle an ihr entlang das Gewebe nach oben. Das kann an einigen Stellen etwas weh tun. Laß den Liegenden dann gut atmen. Beim zweiten oder dritten Mal ist der Schmerz fast verschwunden. Rolle ein- bis zweimal hoch. Dann widme dich den Seiten. Arbeite hier im rechten Winkel zur Wirbelsäule, mit dem Gesäß beginnend bis hoch zu den Schultern. Beziehe die Oberarme ein.

Weil im Bindegewebe vom Stoffwechsel her so viel passiert, wird durch das Rollen direkt auf den Stoffwechsel eingewirkt. Alles wird angeregt, Aufbau wie Abbau. Nach dieser Massage, wie nach allen Massagen ganz generell, solltet ihr viel trinken, um die Produktion dieser Anregung fortzuspülen.

Dort, wo sich beim Rollen Haut und Untergewebe teigig anfassen und es schwer vorwärtsgeht, ist etwas nicht in Ordnung. Da kannst du dann ein bißchen verweilen. Nach einigen Malen läßt sich dann die Haut gut abheben, und wir bekommen jeweils nur immer eine kleine Falte in die Finger. Wo auch nach geraumer Zeit diese Teigigkeit noch bestehenbleibt und auch die Hautfalte zwischen den Fingern dicker ist, wo wir also immer ziemlich viel zu greifen bekommen und sich auch die Haut schwer vom Untergrund abziehen bzw. fortbewegen läßt, da sollten Ernährung und Lebensstil samt genereller Denklage geändert werden. Dann sollte vielleicht auch mal eine kurze Zeit gefastet werden, wobei ihr darauf achten solltet, reichlich Flüssigkeit, Vitamine und Mineralstoffe zu euch zu nehmen. Mit diesem Massagegriff läßt sich übrigens auch gut Orangenhaut erspüren. Die Massage kann jeweils so lange dauern, wie gerade Zeit zur Verfügung steht, kurz oder länger. Sie ist sehr wirksam und fühlt sich, für den Normalverschlackten, auch gut an.

Wirbelsäulenkristallmassage

Wir benötigen für diese Massage einen schmalen Quarzkristall mit einem Durchmesser von ungefähr einem Zentimeter und einer Länge von ungefähr vier bis sechs Zentimeter. Er sollte sehr rein sein und eine vollkommen unversehrte Spitze haben. Es gibt solche Quarzkristalle in jedem guten Steingeschäft. Er kostet derzeit ungefähr dreißig Mark. Allerdings kommen große Preisschwankungen vor.

Der Partner, der diese Massage bekommen soll, zieht sich vollkommen aus und setzt sich auf einen bequemen Stuhl. Seine Beine sollen einen guten Stand haben. Falls es kalt ist, kann um die Beine eine Decke gewickelt werden. Es ist schön, im Sonnenschein zu arbeiten.

Der andere nimmt nun den Stein, der zuvor etwa eine Viertelstunde bei fließendem Wasser zum Reinigen in eine kleine Schüssel gelegt worden ist, in die rechte saubere Hand und beginnt am Steißbein mit der Arbeit. Es werden kleine Piekser auf die Haut gegeben. Kristalle sind sozusagen auf besondere Weise gefrorene Energie, konservierte Sonnenstrahlen, eingefangenes Licht. Bei jedem Piekser wird nun ein winzig kleiner Lichtimpuls in die Haut geschleudert, wo er Heilung bringen kann. Fragt nach, ob das Pieksen stark genug ist oder ob die Impulse zu langsam erfolgen. Bewegt euch sorgsam die Wirbelsäule herauf. Bleibt dabei eher an den beiden Seiten, denn die Wirbel selbst sind empfindlich. Auch kann es weh tun, wenn die harte Spitze auf den bloßen Knochen trifft. Bezieht auf eurem Weg nach oben die Schulterblätter sorgfältig mit ein, denn hier gibt es viele Verhärtungen. An Stellen, die dir verdächtig erscheinen und die deshalb besonders viel Energie brauchen, kannst du in kleinen Kreisen vorangehen.

Dic Haut kann unter den Pieksern weiß werden, sich stark röten, anschwellen oder gar jukken.

Meistens ist diese Massage ungemein angenehm. Sie kann na-

türlich auch über den gesamten liegenden Körper hinweg ausgeführt werden. Beginne wiederum bei den Füßen und arbeite dich nach oben. Übrigens ist eine Ohrmassage mit so einem Zauberstab sagenhaft erholsam. Auch hier werden durch die vielen Reflexpunkte ganze Körperteile mit einbezogen.
Ganz besonders wichtig ist die Stille nach der Massage. Die Kristalle wirken sehr sanft und brauchen eine Weile, um integriert zu werden. Ich selbst fühlte mich einmal nach so einer Behandlung sehr wohl und friedvoll und hatte nur das Verlangen, mich still in die Sonne zu legen. Erst nachdem ich dort eine geraume Zeit gelegen hatte, kamen Trauer, Angst, Erinnerungen an alte Vergangenheiten, frühere Leben. Das alles durfte konvulsivisch unter Mithilfe einiger lieber Freunde herausplatzen, und dann war's vorbei. Ich mußte lachen. Von diesen Zwängen war ich für immer befreit.
Laßt euch also Zeit, damit die Wirkung wirklich kommen kann.

Aura ausstreichen

Zur Ergänzung, und weil wir gerade bei Kristallen sind, möchte ich noch erzählen, wie man die Aura ausstreichen kann. Diese Massage ist sehr einfach und wirkt ungemein befreiend. Wir benötigen dazu einen schönen, großen gereinigten Bergkristall, je größer er ist, desto besser. Aber er muß noch gut in die Hand hineinpassen. Ihr steht beide in etwa 20 Zentimetern Entfernung zueinander. Den Quarz in der rechten Hand, fährt der eine von oben nach unten im Abstand von zehn Zentimetern dem Partner die Aura ab. Die Spitze ist zum Körper des anderen gerichtet. Du umrundest dabei langsam den Partner im Uhrzeigersinn. Er braucht wiederum nicht ausgezogen zu sein. Achte besonders auf Bauch, Arme, Hände und Knie. Dort steckt die Energie gerne fest, und sie läßt sich besser lösen, wenn du dort wieder in kleinen Kreisen arbeitest. Es kann passieren, daß der Partner sich nach einer Weile in den Knien ein wenig zittrig fühlt. Das ist eine Wirkung der Massage. Laß atmen oder den Partner hinlegen, wenn du fertig bist. Diese Art der Reinigung kann in zehn Minuten beendet sein.
Man kann sich auch selbst massieren, falls gerade kein Partner

vorhanden ist. Das hat natürlich den Nachteil, daß wir an viele Stellen nicht herankommen. Auch können wir uns so nicht ganz entspannen. Ich möchte daher nicht weiter darauf eingehen, auch bin ich der Meinung, daß sich bei gutem Willen und genügender Offenheit immer jemand zu einer Massage bereit finden wird. Massage fördert eine wahrhaftige Kommunikation. Warum statt sich auf ein Bier oder zum Tee nicht einmal zum Massieren verabreden? Eine gute Art, sich selbst zu helfen, ist indessen das Handauflegen. Ob der Finger verbrüht ist, der Hals weh tut oder der Bauch grimmt, es bringt Erleichterung, oft schon nach fünf Minuten, nachdem allerdings der Schmerz zuerst einmal stärker geworden ist. Sollte ein Streit kurz bevorstehen oder gar schon im Gange sein, bewahrt die unauffällig auf die Solarplexusbauchgegend gelegte Hand vor unüberlegten Ausfälligkeiten und schenkt uns die Ruhe, die wir zu einer guten Auseinandersetzung brauchen. Auch Tiere lassen sich gerne massieren. Du probierst die gleichen Griffe, nur auf den Tierkörper relativiert. Es sollte sehr sanft vorgegangen werden. Meine Erfahrung ist jedoch, daß Tiere das ruhige Handauflegen noch lieber mögen.

Fußreflexzonenmassage

Die Fußreflexzonenmassage ist eine wunderbare und heilende Freizeitbeschäftigung.

Alle Organe und Körperteile haben in den Füßen entsprechende Reflexzonen, die über bestimmte Nervenbahnen mit ihnen in Verbindung stehen. Ebenso können wir von anderen Stellen aus, wie Augen, Ohren, Hände und Gesicht, durch solche Reflexe Einfluß auf den Körper nehmen. Die Fußreflexzonenmassage ist eine Druckpunktmassage. Mit Hilfe von Druck und einigen anderen speziellen Griffen bearbeiten wir den Fuß, der wie ein Spiegelbild des menschlichen Organismus angelegt ist. Gestautes, verhärtetes Gewebe wird am Fuß, und damit gleichzeitig an den betreffenden Körperstellen, gelockert. Außerdem zeigen uns Schwellungen, Trockenhheit, Feuchte und Farbe der Haut sowie ihre Elastizität, was im Körper vorgeht. Auch die Nägel an Fingern und Zehen verraten das. Rillen weisen auf Störungen in Leber und Galle und/oder Nieren hin, wobei die Längsrillen (in Richtung der Finger bzw. Zehen) noch günstiger sind als die Querrillen. Zusätzlich helfen Atmung, Konzentrationsübungen und Einwirken auf die Gelenke, fehlende Energie wieder zu den Fü-

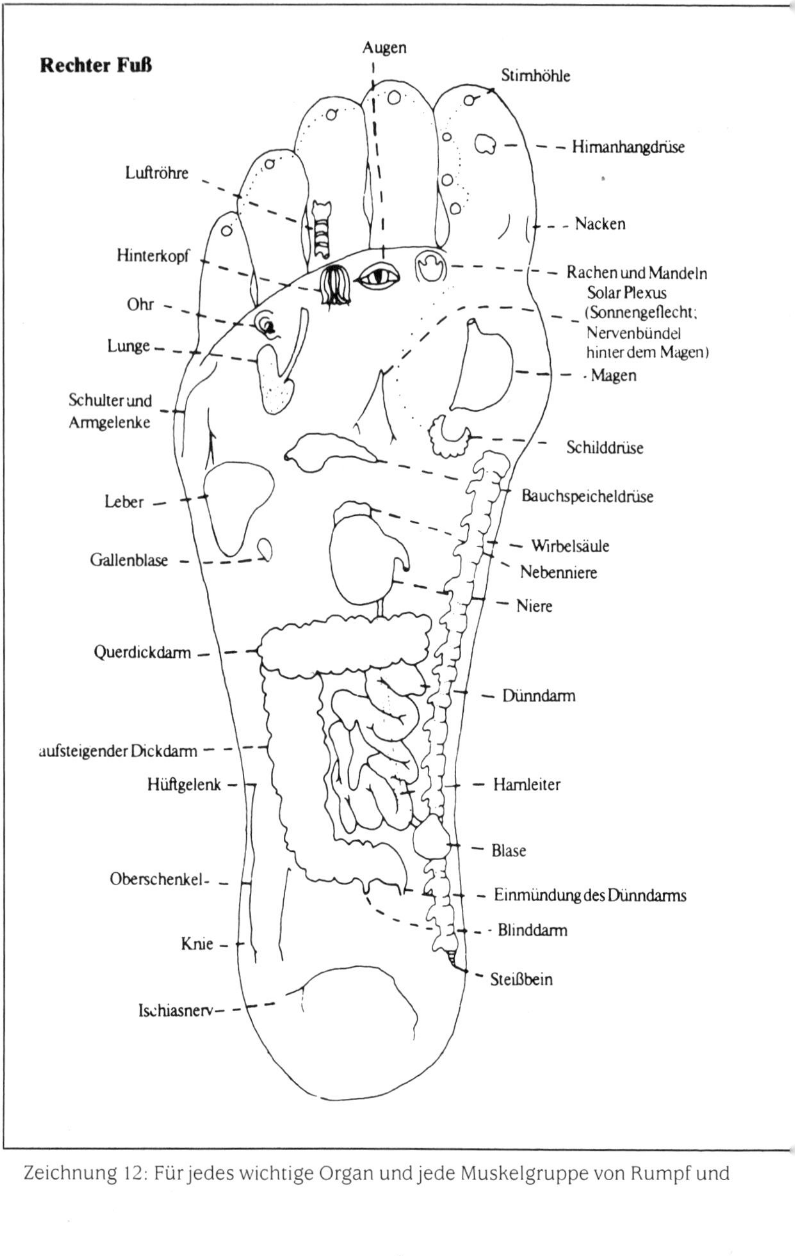

Zeichnung 12: Für jedes wichtige Organ und jede Muskelgruppe von Rumpf und

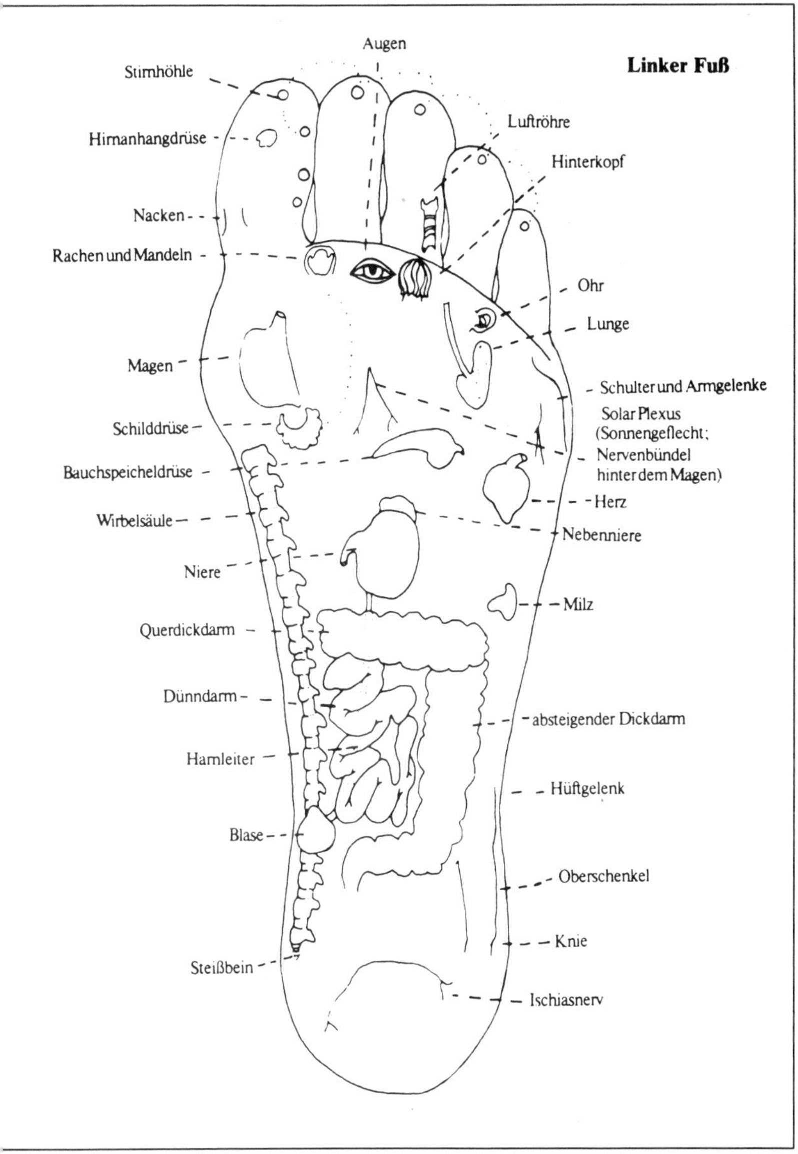

Kopf gibt es einen entsprechenden polaren Bereich an der Unterseite der Füße.

ßen zu leiten und so den oft arg in Mitleidenschaft gezogenen Energiefluß im ganzen Körper wieder in Gang zu bringen. Unsere Lebensgeister werden dadurch wie von selbst geweckt, Klarheit kehrt in unser gestreßtes Gedankenchaos ein, und natürlich sind Gesundheit und Wohlbefinden die Folge.

Dabei können selbstverständlich, wie bei den anderen Massagen und Therapieformen, auch wieder unterdrückte Gefühle heraufbeschworen werden und somit unzuträgliche Denkmuster und Verhaltensnormen bewußt gemacht und bearbeitet werden. Dadurch können sie dann verschwinden. Es kann zu psychophysischen Umstimmungen kommen, zu Durchbruchserlebnissen mit Vibrieren, Lachen und Weinen. Es bewirkt also grundsätzlich jede Stimulierung, gleich welchen Körperteils und gleich welcher Art der Anregung, ob materiell oder spirituell, körperlich oder als Schwingung, von Hand oder in Gedanken (als Befehl oder als Visualisierung) in Form von Licht und Ton eine Veränderung in unserem Körper, in unserer Stimmung und/oder in unserer Umgebung. Verschiedene do-in-Übungen bewirken hier z. B. diese Änderungen auf eine äußerst friedvolle und natürliche Art. Dasselbe gilt natürliche auch für die Hände und die Ohren.*

Zum Schluß seien hier einige Bemerkungen über den Zusammenhang zwischen den Füßen und unserer Sprache nach Hanne Marquardt wiedergegeben. Diese Wendungen lassen erkennen, wie wichtig unsere Füße sind und welchen Platz sie auch im übertragenen Sinne in unserem Leben einnehmen. Eine Fülle von Redewendungen macht uns den Zusammenhang zwischen menschlichen Verhaltensformen und den Füßen klar:

- Wie kann ich das durch*stehen*
- Ich zeige *Entgegenkommen*
- Das ist ein *beständiger* Mensch
- Der *Ablauf* meines Lebens
- Diese Behauptung solltest du *begründen*
- Dieser Mensch *geht* völlig in seinem Beruf auf
- Das hat er richtig ver*standen*
- Sein Zu*stand* ist zufrieden*stellend*
- Dabei bin ich gut wegge*kommen*
- Das ist ein *eigenständ*iger Mensch
- Ur*sprüng*lich hatte ich nicht vor zu kommen

* Zum Nachlesen sehr zu empfehlen sind die Schriften von Hanne Marquardt.

- Ich habe eine Nachlässigkeit be*gangen*
- Dieser Mensch ist leicht*füßig*
- Er macht *Fortschritte* – und kann damit *Schritt* halten,
- Auch die Ver*gangen*heit und die Zu*kunft* wird als Weg beschritten (Gehen und Kommen)
- Ich kann mir die *Füße vertreten*, allerdings kann ich auch meine Meinung *vertreten* oder vielleicht eine *Vertretung* annehmen
- Sich auf eigene *Füße stellen*
- Das ist ein *gestandener* Mann
- Das *steht* mir nicht
- Es *steht* mir nicht an
- Er *geht* mit ihr
- Es sich gut*gehen* lassen
- Sich *gehen*lassen
- Abge*stand*en

Es wird nicht umsonst gesagt, daß wir durch ein Berühren der Füße manchmal dem ganzen Menschen zum Aufbruch verhelfen, zumindest ihn betroffen machen, erschüttern können. Lassen wir uns an den Füßen gern ergreifen? Halten wir sie unseren Mitmenschen freimütig hin? Warum sind wir wohl an den Füßen häufig so kitzlig? Die Füße mögen es, wenn man mit ihnen im Gras, auf Erde oder auf grobem Kies läuft und wenn sie ein- bis zweimal am Tage kalt oder heiß (je nach Jahreszeit) abgespült werden. Hände hingegen mögen das Trommeln! Das öffnet ungemein die Energiebahnen.
Es ist sicher beinahe überflüssig zu sagen, daß diese Massageart um so wirksamer sein wird, desto sachkundiger der Massierende ist.

Posturale Integration (PI)

Ziel bei der Posturalen Integration (PI)* ist es, durch tiefe Bindegewebsarbeit, die auch das Stützgewebe (Muskeln und Sehnen) mit einbezieht, den Körper von alten Haltungen und Gewohnheiten zu befreien.
Es geht jedoch nicht nur um den Körper, sondern auch bei allen ganzheitlichen Ansätzen hier um eine Integration von Körper, Seele und Geist. So werden andere Körpertherapien aus Ost und West mit einbezogen wie: Beachtung des Atems, Bioenergetik, Bewegungsbewußtseinsübungen, Akupressur, Gespräch, Gestalttherapie.

* PI ist von einem Amerikaner, Jack Painter, ins Leben gerufen und leitet sich von englisch »posture« = Haltung, Art und Weise, sich zu halten und zu verhalten, sowie von integer = unversehrt her. Gemeint ist also, eine ganzheitliche, optimale Haltung in Körper und Geist zu den Dingen des Lebens herzustellen.

Mit dem besseren Energiedurchfluß und dem größeren Körperbewußtsein, die dadurch erreicht werden, kommt auch wieder mehr Freude ins Leben, und zwar in dem Maße, in dem die neu fließende Energie integriert werden kann.

Der Behandelte nimmt aktiv teil durch tiefen Atem, funktionales Bewegen, Aufmerksamkeit und wiederholtes Berichten seiner Empfindungen während der Sitzung.

So werden die körperlichen Verspannungen schneller gelöst. Wiederum kann es zu Gefühlsausbrüchen kommen, denn Gefühle, die unterdrückt wurden, beispielsweise aus Angst, sich bloßzustellen, wegen elterlicher oder gesellschaftlicher Verbote, lassen sich im Körper als Verspannungen, Verkrampfungen, Blockaden nieder, an denen ein geübtes Auge wiederum die allgemeine Gefühlslage eines Menschen erkennen kann.

Verklebte Gewebe und Muskelteile werden getrennt, eingesunkene Körperteile richten sich dadurch auf. Überdehnungen und Erschlaffungen kommen wieder ins Lot. Das wirkt sich bis auf die Knochen aus, so daß sich unsere Haltung, die meist eine Ver-haltung ist, wieder normalisieren kann. Was wiederum eine Auswirkung auf unsere Selbstwahrnehmung, unser Selbstgefühl hat. Der ganze Mensch wird gerader, aufgerichteter und damit aufrichtiger. Zehn Behandlungen gehören zu einer Einheit zusammen. Damit ist der gesamte Körper behandelt und eine entsprechende Reorganisation in die Wege geleitet; eine sehr interessante Art, Verspannungen anzugehen, die allerdings einen Fachmann erfordert. Es tut natürlich manchmal weh, wobei dann das Atmen lindernd wirkt.

Psychische Massage

Sie geht ebenfalls von einer ganzheitlichen Sicht aus, nämlich davon, daß Körper, Seele und Geist eine Einheit darstellen. Der Ansatz der psychischen Massage besteht darin, daß, wo wir auch einwirken, sich immer Auswirkungen auf die anderen Teile des Menschen einstellen werden.*

Psychische Massage ist eine sehr feine Art, mit dem Körper und seinen Energien umzugehen. Sie wirkt wie jede auf diese Weise angewandte Massage heilend und kann ebenso wie diese nicht durch Studieren allein erlernt werden, sondern durch Ver-

* Ich empfehle ganz besonders von Roberta de Long Miller: Psychische Massage. München 1980.

gleich und Unterscheidung, durch die Praxis also. Mit jedem Menschen, den wir so behandeln, begreifen wir diese überall und in allem wirkenden Energiegesetze besser und lernen sie zu handhaben, zuerst im wahrsten Sinne durch unsere Hände, später werden sich mehr und mehr geistige Fähigkeiten einstellen und uns zusätzlich zur Verfügung stehen, anderen und nicht zuletzt uns selbst eine Freude zu bereiten.

Die eigene Einstimmung nimmt hier wiederum einen großen Raum ein. Es ist wichtig, Aura und Energie zu fühlen. Es wird ein Kanal geöffnet für die Himmels- und Erdenergie, die durch uns hindurchfließen möchte und muß, wollen wir nicht krank werden.

Shantala-Babymassage

Sie wird in Indien traditionell an Babys gleich nach ihrer Geburt gegeben. Die Babymassage vermittelt Geborgenheit und Hilfe gegen die Angst, mit der Menschen so häufig auf die Welt kommen. Wenn wir die wunderschönen Fotos in dem Buch des Geburtenexperten Leboyer* studiert haben, hat sich die Befürchtung, so ein kleines Wesen auf solche ungewohnte Weise zu berühren, ganz gewiß in Nichts aufgelöst. Und junge Mütter und Väter sind vielleicht gar ungeduldig, ihre Kleinen diese Massage genießen zu lassen. Vielleicht haben diese Mütter und Väter eine Vorstellung, wie es wohl heute mit ihnen stünde, wenn sie selbst früher so eine schöne Behandlung bekommen hätten...

* Leboyer: Sanfte Hände, Die traditionelle Kunst der indischen Baby-Massage. München 1979.

Metamorphische Massage

Die metamorphische Massage wird auch Pränatal-Massage genannt und ist in gewisser Weise eine Weiterentwicklung der Fußreflexzonenmassage. Der Grundgedanke ist, daß sich belastende Denkmuster bereits in der vorgeburtlichen Phase einstellen können oder aus früheren Leben mitgebracht werden. Es ist eine sehr zarte Massage, die ungewöhnlich entspannend wirkt, wenn man sich diesen sanften, scheinbar nichtigen, nichts wollenden und nichts sollenden Strichen hinzugeben vermag.

Behandelt wird an Füßen, Händen und am Kopf, und zwar immer der Reflexbereich der Wir-

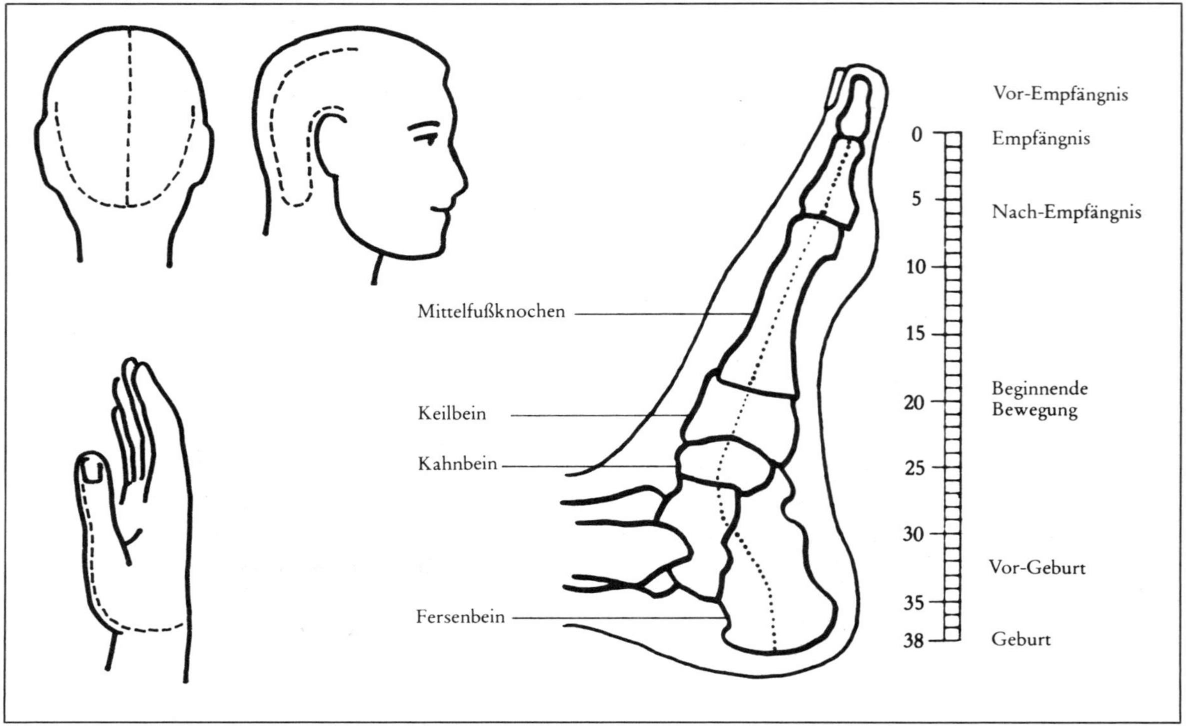

Zeichnung 13: Pränatalmuster am Kopf, an der Hand und am Fuß.

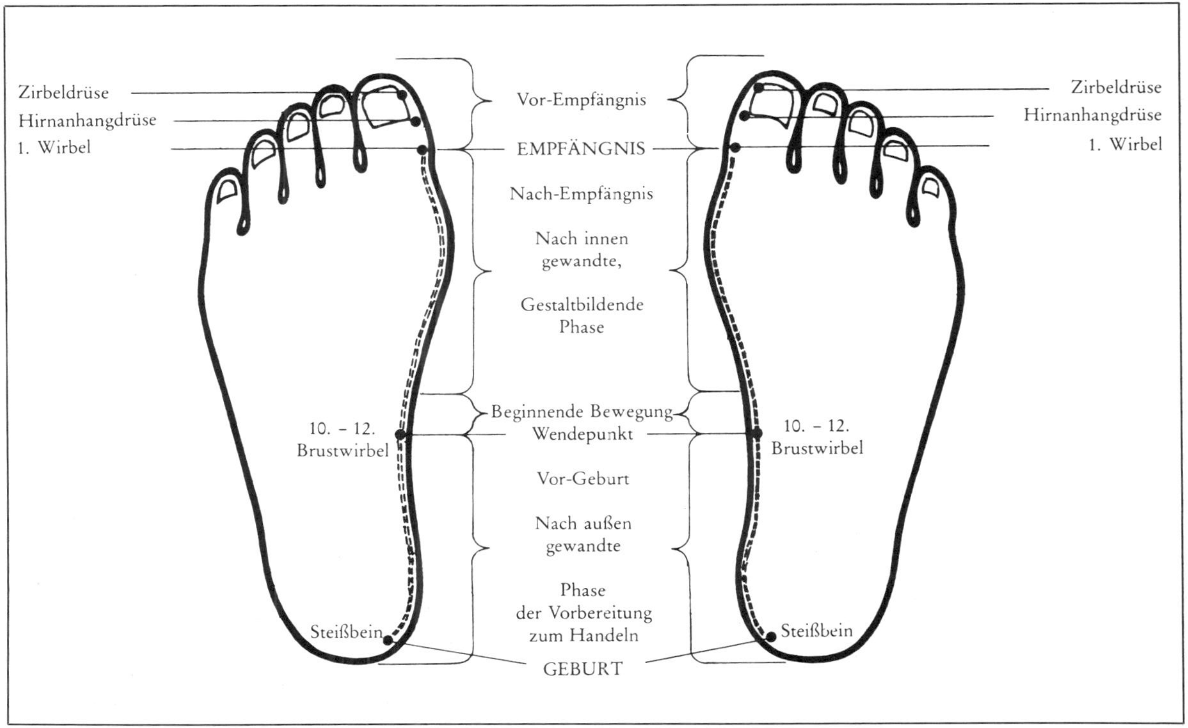

Zeichnung 14: Reflexpunkte der Wirbelsäule und das Pränatalmuster an den Füßen.

belsäule. Das ist der Bereich, in dem unsere ältesten Muster gespeichert sind.
Diese Massage will zur Wandlung des Menschen beitragen. Ausgegangen wird wieder von der Einheit von Körper, Seele und Geist. Es wird darauf geachtet, wie sich diese Einheit in unserem Körper widerspiegelt. Interessant ist – und darauf ist besonders zu achten –, daß der Behandler sich nicht einmischt, weder durch Wort noch durch Tat. Er ist weder Helfer noch Autorität. Es geht um ein stilles Miteinander, um Geben und Nehmen. Auch die scheinbar kranken oder irgendwie in Mitleidenschaft gezogenen Orte erfahren nicht mehr Zuwendung als andere. Lediglich die Lebenskraft wird angeregt, selbst zu wirken.
Es ist klar, daß viele Massagen nötig sind, damit die Wandlung, das Loslassen alter Verhaltensmuster durch Übernehmen der Eigenverantwortlichkeit für das eigene Tun in einem natürlichen, langsamen Prozeß vor sich gehen kann. Es ist wie ein sekundäres Wachsen, von uns selbst kaum wahrgenommen und mit den neuen, passenderen Dingen, die dann in unser Leben treten, oft gar nicht in Verbindung gebracht.
Die Massage kann von jedem angewendet werden, sie ist, wie alle echten und lebendigen Dinge, sehr einfach.*

Esalen-Schüttelmassage (Tragering)

Sie kommt aus dem berühmten Esalen-Institut in Kalifornien. Ihr Schöpfer heißt Milton Trager. Die Methode besteht darin, daß einfach alles durchgeschüttelt wird. Wenn du dir diese Massage von einem Fachmann geben läßt und viel selbst massierst, kannst du einiges schnell lernen und selbst anwenden. Sie ist speziell für unseren beanspruchten Atem und Schultern und für den so gut wie immer verkrampften Bauch eine Wohltat. Leider wird nicht auf die Psyche eingegangen.
Tragering läßt sich gut mit Rebirthing-Atmen verbinden, so daß, wer es beherrscht, damit bei äußerem Durchgeschütteltwerden wunderbar ins Zentrum kommen kann, seine Widerstände selbst aufspürend und lösend. Ihr macht damit eine besondere Erfahrung.

* Gaston Saint-Pierre und Debbie Boater: Die metamorphische Massage. Boltessen 1983.

Rubbelmassage für Anfänger

Hier möchte ich einen guten Tip einfügen für Menschen, die noch nie massiert haben: Rubbelt einfach den ganzen Körper mit beiden flachen Händen rasch wie mit einem Handtuch ab. Das bringt den müden Kreislauf auf Touren und stärkt das Bindegewebe.
Es macht wohltuend munter.

Erfahrungen mit der Energie – Was beim Berühren passiert (Erfahrungsberichte)

Hier sind nun die Massageerlebnisse einiger Menschen, die sich vertrauensvoll unter meine Hände begaben, wiedergegeben. Die astrologischen Angaben beziehen sich auf das Sonnenzeichen und den Aszendenten.

Bericht 1
Heidrun, 50 Jahre, Übersetzerin, Hausfrau
Schütze mit Waage
Zuerst waren es die sanften, streichenden Berührungen entlang meiner Wirbelsäule, die mich ganz entspannt werden ließen. So ein Gefühl: »Alles ist gut, in Ordnung!« trat ein, alles wurde belebt, die Haut schien von Mal zu Mal durchlässiger zu werden.
Beim Tiefergehen spürte ich die Schmerzzonen, die mit wissender Hand herausgefunden wurden und in die ich hineinatmen sollte. Ich bemerkte die Grenzen meiner Entspannung und die Schwierigkeit, Festgefahrenes, das ich als dunklen, verhärteten Klumpen wahrnahm, loszulassen. Es war Millimeterarbeit. Das Zusammenziehen bei einem Schmerz wurde geringer und Worte wie »Vertrauen« tauchten auf.
Beim ersten Mal spürte ich, wie viel Traurigkeit hochkam, das Gewohnte war wohl nicht mehr da. Erinnerungen tauchten auf, Problematisches aus der Kindheit, Beziehungen usw. Sie lösten sich dann schließlich auf in dem Wohlgefühl des Jetzt. Danach fühlte ich mich jedes Mal wie neugeboren mit einem neuen Körpergefühl, mir meines Körpers bewußt, meiner Bewegungen: »Ha, ich lebe!«

Bericht 2 (Nach einer Kassette)
Helmut, 31 Jahre, Industriekaufmann, unternimmt Wüstenfahrten
Wassermann mit Krebs
Liebe Ina, ich finde es eigentlich gar keine so weit hergeholte Idee, wenn du mich fragst, ob ich dir sagen oder schreiben würde, was bei mir passiert, wenn du mir eine Massage gibst. Es ist auch nicht meine Art zu sagen: »Das ist sehr intim, das geht nur mich an und keinen anderen.« Ich erzähle immer gerne von

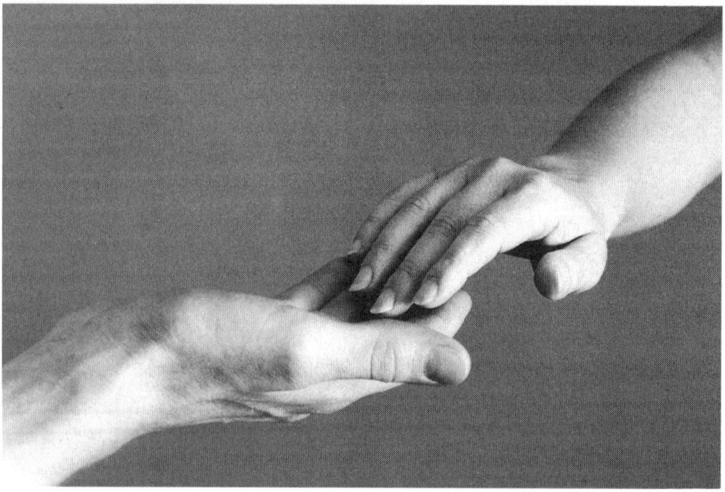

mir, denn was in mir vorgeht, das darf eigentlich jeder wissen. Ich habe mir einen Tee dazu gemacht, dann geht das ganze Aussprechen nämlich viel leichter.

Die zwei Massagen, die ich bisher von dir gekriegt habe, waren die ersten in meinem Leben. Mir haben zwar früher schon manchmal Leute aus Spaß an den Schultern herummassiert, aber das war eben bloß kurz und einfach aus Spaß. Es dauerte höchstens eine Minute oder zwei. Es war ein gänzlich neues Erlebnis für mich, denn in beiden Massagen ist es mir eigentlich so ergangen, daß ich für die Zeit der Massage der Welt entrückt war. Mit »Welt« meine ich dem Hier und der ganzen Verstandeswelt. Ich habe mich beide Male unwahrscheinlich entspannen können, habe die Augen zugemacht und einfach ruhig geatmet. Du hast mir auch so ein Gefühl gegeben, richtige Anweisungen waren es ja nicht, wie: »Jetzt laß mal einfach mit dir machen.« Das habe ich dann auch getan. Ich habe mich hingelegt und ohne eigenen Verstandeswillen mit mir machen lassen.

Dabei kam dann eine sehr, sehr schöne Ruhe auf. Ich habe mich auch nicht ausgeliefert gefühlt. Es war eigentlich erstaunlich. Nach dieser ersten Massage habe ich meinen Körper noch einmal in ganz anderen Dimensionen kennengelernt. Ich wußte z. B. lange nicht, daß ich so viele Schmerzpunkte in meinem Körper habe. Ich wußte auch nicht, daß sich bestimmte Körperteile so anfühlen. Es kamen für mich ein paar neue Erfahrungen dazu. Ich sagte einfach: »Aha, so ist das eigentlich, wenn dich da jemand berührt, massiert. So fühlt sich z. B. die Taille an, der Bereich ein bißchen oberhalb vom Becken, zwischen Bauch und Rücken, an der Seite.« Ja, und dann waren es eigentlich auch Körperteile wie meine Waden und auch die Unterseite meiner Schenkel, die ich so noch nie gespürt hatte. Es irritierte mich zu spüren, was geschieht, wenn du bestimmte Punkte in meinem Körper berührst. Welcher Schmerz dann auftritt. Ich erfuhr, daß man den Schmerz durch kurzes Atmen überbrücken konnte. Allerdings baute ich eine Angst davor auf, daß du da noch einmal reindrückst und daß dann der Schmerz wiederkehrt. Und so verkrampfte ich mich dann.

Auf jeden Fall war das ein sehr großes Gefühl, als ich auf dem Tisch lag, die Augen geschlossen und viel, viel Weite um mich herum. Ich habe mich aber nicht verloren in diesem Raum gefühlt, es war ein sehr, sehr friedliches Gefühl, das in mir hochkam. Ich hätte gerne das Ganze noch ein wenig länger nachwirken lassen. Und wie du mich das zweite Mal massiert hast, das war eine ganz andere Art von Massage. Sie war nicht so kraftvoll, sondern sehr, sehr fein. Ich fühlte mich wieder der Welt ein bißchen entrückt, sehr, sehr friedlich und harmonisch. Ich konnte einfach den Moment genießen, ohne etwas zu tun, ohne in Aktion zu treten. Deine Massage hat bewirkt, daß ich bloßes Sein gespürt habe, daß ich überhaupt nur gespürt habe.

Du hast mir viel geschenkt, und ich habe das einfach wirken lassen. Speziell wie du meinen Kopf massiert hast und dann deine Hände an meine Schläfen gehalten hast. Oder lag der Daumen über meinen Augen? Ich habe den Raum nicht mehr gespürt, und ich habe dich nicht mehr gespürt. Ich kann nicht ermessen, wie lange der Zeitraum wohl war. Als ich wieder zu mir kam, hatte ich das Gefühl, als ob ich geträumt hätte. Ja, ich weiß, ich habe nicht geschlafen, und ich habe nicht geträumt. Aber ich war plötzlich so entrückt.

Später war auch Harmonie da und Einheit, nicht nur in meinem Körper. Ich würde sagen, Einheit mit allen Schichten, vielleicht auch mit der Aura, die um einen jeden Menschen ist. Auf jeden Fall Einheit und Harmonie mit mir und auch Harmonie mit dir. Also, es war Harmonie im Raum und Harmonie mit dem, was du ausstrahlst, und dem, was von mir ausstrahlt. Dann kam plötzlich ein Moment, wo ich nicht mehr Luft zu holen brauchte. Es war keine Notwendigkeit mehr da einzuatmen. Mir kam der Zeitpunkt sehr, sehr lange vor. Dann sagte sich mein Kopf: »Du, sag mal, wie lange kannst du denn ohne Sauerstoff sein?« Aber ich hatte dann das Gefühl, ich liege ganz ruhig da und mein Körper kriegt die Lebensenergie, mein Körper nimmt einfach die Lebensenergie auf, die sonst wohl durchs Einatmen und durch den Sauerstoff so wichtig sind. Plötzlich hatte mein Körper einen anderen Weg gefunden, um die Energie aufzunehmen, als durch das Atmen. Und das war auch eine ganz neue, eine ganz eigenartige Erfahrung für mich.

Ich möchte mich gerne noch einmal von dir massieren lassen, weil ich glaube, daß ich das jedes Mal besser kann, mich hinlegen und sagen: »Jetzt laß ich einfach mit mir machen«, daß ich nur spüre, was passiert, ohne zu erwarten oder mit dem Kopf dabeizusein, sondern daß ich wirklich nur entstehen lasse, was entsteht, und aufnehme, was entsteht.

Es war dann auch für mich am nächsten Tag schon toll, aufzustehen und den Tag irgendwie zu machen und zu wissen: Gestern hast du dich noch furchtbar gefühlt und heute ist Leben da, du fühlst dich nicht mehr kaputt, müde, erkältet.

Ich möchte dir danken.

Bericht 3

Olivia, 37 Jahre, Doktor phil.

Löwe mit Wassermann

Meditation ist nichts anderes als völlige geistige Entspannung. Dafür muß auch der Körper in den tiefsten Schichten gelöst sein. Keine mechanische Massageschule kann dies bewirken. Odiras intuitive Fähigkeit zusammen mit ihrer langen Erfahrung und ihrem Wissen um den Körper haben mir ermöglicht, meinen eigenen Körper so bewußt zu erfahren, daß ich nun selber in der Lage bin, in der Tiefe zu sondieren und loszulassen. Dabei liegt man, wenn sie einen behandelt, still und passiv da und glaubt, man sei im Himmel, weil alles so wahr und angenehm ist.

Allerdings gibt es auch schmerzhafte, aber zugleich willkommene Augenblicke, wenn sie eine Verkrampfung entdeckt und sich mit einer fast frechen Heiterkeit daranmacht, diese aufzulösen. Sie führt einen einfach und gekonnt durch den Prozeß des Loslassens, und schneller, als man denkt, ist man jahrtausendealte Energiezysten los. Kein Gefasel, kein Abrakadabra, sondern Schlichtheit, Wärme und vor allem Können zeichnen Inas Arbeit aus. Wichtig daran ist, daß ihre Berührung zu einer psychischen Bewußtwerdung führt, die weit über die eigentliche Behandlungsstunde hinausgeht.

Bericht 4

Oskar, 37 Jahre, Fotograf

Waage mit Jungfrau

Ankunft – Einkunft – herein, Schuhe aus – was mich wohl erwartet? – Tür auf – auch bei mir Tür auf – aber zuerst die Hand, hilft die? – herein, wo hinein? in mich? nein, aus mir heraus – also, also warum denn Massage? – einfach nur so? – was ist das? ah, mein Körper! – ja, ja deiner, aber die Frau, was macht sie daraus?! – es geht um mich, ich fühle es, meinen Körper aber laß ich jetzt mal so – ausziehen, hinlegen – entspannen – nö! – oder doch? – du hast deinen Körper vernachlässigt: deine Seele – liebst du dich auch so, wie du bist, hm? – nicht ganz, dann laß uns anfangen – du – ich – ah, es wird besser, ich spür's, ja – Hände – Körper – geben – nehmen, es wird schöner, ich fühle es, ja, es geht mir viel besser – noch mal, bitte. Danke.

Bericht 5

Annette, 39 Jahre, ausgebildet in Massage und Rebirthing

Wassermann mit Jungfrau

Ich freue mich schon seit Tagen darauf.

Endlich wieder eine Massage. Schon beim Hinlegen spüre ich, wie sich mein Körper langsam entspannt.

Dann die erste Berührung, langsam atme ich immer tiefer, denn der sanfte Druck der Hände läßt meinen Körper wieder eins-sein.

Ich spüre die Verbundenheit aller Körperteile immer deutlicher.

Ich spüre auch Blockaden immer deutlicher, doch lösen sie sich auf, wenn sie berührt werden.

Jetzt bin ich vollkommen auf meinen Körper konzentriert, es ist ein wunderbares Gefühl, ganz zu sein.

Auf einmal bin ich in Gedanken in wunderschönen Landschaften und an ruhigen Plätzen, höre Wasserrauschen und Vogelstimmen.

Ich bin einfach entspannt und denke kaum noch.

Alles ist ganz einfach und klar.

Ich merke es immer mehr, wenn mein Körper entspannt ist und auch meine Gedanken klar sind.

Von mir aus könnte dieser Zustand ewig sein.

Ich liebe deine Massagen, Ina,

sie lassen mich spüren, wie ich wirklich bin.

Bericht 6 (nach einer Kassette)
Konrad, 36, Rebirther
Schütze mit Krebs
Als erstes möchte ich mich ganz ganz herzlich bedanken. Es ist für mich sehr schwer, mein Feedback auf deine Massage, Odira, in Worte zu fassen, aber während der Massage ist mir ein Bild gekommen: So fühlt es sich wahrscheinlich an, wenn man von einem philippinischen Heiler operiert wird, der mit seinen Händen durch den Körper gehen kann.
Du berührst mit den Händen viele Ebenen. Auf der einen Seite die körperliche Ebene, was sehr, sehr wohltuend ist. Was für mich sehr, sehr entspannend ist. Aber ich habe den Eindruck, du gehst auch noch viel tiefer hinein, und nicht nur an die Punkte, wo es einfach nur guttut und schön ist, sondern du gehst an einen Schlüssel, du sperrst etwas auf. Du korrigierst, damit Energien wirklich fließen können. Ich habe den Eindruck, daß es sich bei deinen Massagen nicht um Massagen im eigentlichen Sinne handelt. Sie tun auf der einen Seite sehr, sehr gut, und auf der anderen Seite passiert viel Heilung. Meine Phantasie über Massagen war immer: Da geht man dann alle 14 Tage hin, und da kriegt man's dann immer wieder, weil's einfach guttut. Bei dir habe ich den Eindruck, da geht man nicht nur hin, weil es einfach guttut. Du unterstützt mit deiner Massage das Wachstum. Ich habe den Eindruck, das ist wie eine Begleitung. Du begleitest, damit der andere stets eine Tür aufmacht und weitergeht.

Eine neue Zartheit

Hat dieses kleine Büchlein dir Mut gemacht? Sein Zweck ist erfüllt, wenn du zu deinen Händen und zum Berühren mehr Vertrauen gefaßt hast. Vielleicht wird es dir nun wie mir ergehen: Die von dir Berührten erwecken mit ihrem überschwenglichen Dank mehr und mehr eine bislang schlummernde Gabe in dir, von der du gar nichts wußtest. Du verliebst dich dann in das Berühren. Es ist ein wundervoller Ausgleich für unser modernes, hektisches und kopforientiertes Leben. Es bringt etwas Verlorengegangenes zurück: Nähe. Damit meine ich nicht nur Nähe zu einem auserwählten Geliebten, sondern auch zu anderen, ganz verschiedenen Menschen. Es ist eine erhebende Erfahrung, ein Zusammengehörigkeitsgefühl mit allem, was ist, zu erleben. Liebe zu erleben, indem wir unsere Herzen öffnen, ist für uns nötig, sollen wir die auf uns zukommende Zeit enormer Veränderung überleben.

Denn: Wie soll es nach dem Ausverkauf des Sexes weitergehen? Es mehren sich Stimmen, Gedanken, erste Bücher, die feststellen, daß wir nach dem Abräumen der Tabus nicht zufriedener geworden sind. Im Gegenteil, die Sehnsucht nach Zärtlichkeit ist größer denn je. Die Frauen haben sich emanzipiert. Sie sind selbständiger geworden. Und die Männer wurden noch einsamer.

Mir kommt es so vor, als sollten wir modernen Frauen unsere neue Unabhängigkeit zusammen mit unserer angeborenen Intuition, unserem Draht nach oben, der mit dem wiedergewonnenen Selbstbewußtsein erstarkt ist, dazu nutzen, den Männern die Hand zu reichen zu einem neuen Miteinander. Das Berühren in Form einer Massage ist ein guter Weg, aus dem Kopf zu kommen, das Diskutieren zu lassen, spielerischer und vor allem empfindsamer zu werden.

Die Frauen sind bereits dabei, ihre neue Aufgabe zu begreifen, nämlich dem Mann ein Stück voranzugehen. Einige Männer begreifen, daß sie wirkliche Hilfe bekommen können. Sie sind willig, die unsichtbaren inneren Dinge zu lernen, die zu einer Ganzheit mit sich selbst führen, so, wie Frauen sich durchsetzen lernten und immer noch lernen.

Massage und andere Therapieformen schaffen zuerst und vor

allem einen friedvollen, harmonischen Raum, der Liebe heißt. In dieser raren Vertrautheit kann Spannung abfallen, auch die Angst, die uns von der Erfahrung abschneidet, uns einfach sein zu lassen. Wir verlieren die Illusion, daß wir voneinander getrennt seien. Wir finden dafür die Hingabe zu geliebten Menschen und zu uns selbst. Es ist immer schön, eine Massage zu bekommen. Sie macht gesünder, läßt dich aufatmen, das Berühren verbindet. Doch mit der Zeit wird dir bewußt werden, daß das Massieren vor allem ein Geben ist. Je selbstloser deine Liebe dabei ist, je weniger du dabei zurückhaben willst, desto größer wird die Wirkung sein, desto erfüllender wird sie auch für dich, den Massierenden, sein, denn du wirst staunend und fasziniert erfahren, daß Geben wirklich seliger ist als Nehmen. Du wirst das insbesondere dann feststellen können, wenn du Personen massierst, die nicht so ganz und gar deine »Kragenweite« sind, und das fällt bereits in die höhere Kunst des Massierens, die lebensverändernd wirkt.

Ich möchte dieses Buch über Massage, das mir, wie ich schon sagte, unversehens zu einem Hohelied auf die Meditation geraten scheint – und Meditation bedeutet für mich die Suche nach der vollkommenen Liebe – mit einem Gedicht von Bruce Davis* über die Liebe und mit einem Bildnis von der tantrischen Vereinigung des Gottes der Vernichtung Shiva und seiner Gefährtin Shakti, seiner göttlichen Kraft, beschließen, als einem Symbol dafür, daß Weibliches und Männliches, Kaltes und Heißes, Himmel und Hölle scheinbar in andern und doch in uns selbst sind und daß Liebe, Vollkommenheit und Glück dasselbe bedeuten und durch ständiges Zerstören, Auflösen und Wiederaufbauen erreicht werden.

Liebe
hat keine Einleitung.
Liebe ist plötzlich da. Sie ist einfach.
Und trotz unserer Versuche, sie
in den Griff zu bekommen,
setzt sie sich durch.
Wenn wir uns zurückziehen, hat sie uns.
Wenn wir uns hingeben, hat sie uns.
Ob wir hinausschreien oder still sind –
sie hat uns.
Die Liebe ist, wie wir bereit sind,
sie zu kennen.

* Bruce Davis: Blumen für dich. Ch. Falk. Planegg 1989.

Gewöhnlich oder heilig –
wohin wir auch schauen, sieht uns die Liebe an.
Wieder und wieder ist sie hier.

Drei Tage bevor ich das bereits durchgesehene Manuskript endgültig abgeben mußte, wurde ich morgens wach durch Worte, die sich in mir formten. Ich war noch müde, doch der Drang zum Aufschreiben war so stark, daß ich ihm nachgeben mußte. Es war nach zwei Massagen, die ich tags zuvor bekommen hatte, und zwar von einem lieben Mann, am anderen noch von einer Frau, mit der mich seit Jahren ein solcher Massageaustausch verbindet. Mögen die Worte auch etwas holperig sein, so geben sie doch wieder, was das Massieren mir bedeutet. Es ist wie eine Reise in den Tempel zartester Gefühle, eine Stimulanz für die Sinne, die auch zu einer mystischen Erfahrung geraten kann: im Ozean der Lüste zu schwimmen und doch zugleich in höchster Wunschlosigkeit zu sein. Ein Paradoxon ist aufgehoben. Massage machte mir klar, daß sinnliches Genießen und Kreativität für mich untrennbar miteinander verbunden sind.

Liebe.
Nicht Sex noch blindes Verlangen.
Liebe ist in mir, sowieso.
Doch weiß ich es nicht immer.
Liebe ist die Substanz des Lebens.
Ohne sie bin ich nichts.
Sie ist im Verlangen des Mannes neben mir.
In seinem Mich-Verlassen.
Wir lernen durch sie.
Ihr Nichtvorhandensein macht karg und bitter.
Liebe ist der Mut zu Toleranz und Verzeihen.
Der Sieg des Zarten über das Harte.
Des Herzens über das Ego.
Ist der Sieg über uns selbst.
Ist die Freude am Geben.
Macht zufrieden.
Erst wenn ich mich freiwillig in Liebe gebunden habe, bin ich wahrhaft frei.

Erläuterung der wichtigsten Begriffe

Akupunktur/Akupressur und Shiatsu sind jahrtausendealte Heilverfahren aus China und Japan, bei dem durch Einstich goldener oder silberner Nadeln bzw. durch Fingerdruck auf sogenannte tsubos, das sind bestimmte Energiepunkte auf der Haut, der Energiefluß in den Meridianen beeinflußt wird. Die Meridiane sind Energieleitungen, die über den gesamten Körper verteilt sind. Sie versorgen auf diese Weise alle Organe und Systeme mit Energie. Beim durchschnittlichen Europäer arbeiten zwei bis vier Meridiane nicht. Das hat letztlich seinen Grund in Streß und Angst. Durch Akupunktur/Shiatsu kann der Fluß wieder angeregt werden bzw. Stauungen können aufgelöst werden, wobei wichtig ist, durch Meditation auf genügend geistige Unterstützung zu achten, damit Rückfälle vermieden werden können.

Aura: Die Aura ist das elektromagnetische Spannungsfeld um den menschlichen Körper, das von Hellsichtigen und Hellfühligen wahrgenommen wird. An ihrer Form, Farbe und Ausdehnung sowie an den in ihr eventuell enthaltenen Bildern und Symbolen kann exakt festgestellt werden, wo ein Mensch in seiner Entwicklung steht, was er für Gedanken hat, wie er bei Krankheit gesunden kann.
Die feinstoffliche, ätherische, d. h. vielen Menschen unsichtbare Aura ist durch Energiezentren, die Chakren, mit dem physischen Körper verbunden, wodurch ein Austausch mit den äußeren Energiefeldern (Umgebung, Kosmos, andere Menschen) ermöglicht wird.
Es gibt bestimmte Methoden, die Aura von unerwünschten Gedankenenergien und Gefühlen zu reinigen, sie aufzuladen und zu schützen, wie beispielsweise durch die Arbeit mit Licht, Farben, durch bestimmte Gedanken, Meditation.

Bewußtseinsebenen können auf verschiedene Weise verstanden werden. Man kann sie beispielsweise auf die sieben Energiezentren, die Chakren, beziehen, wie sie in diesem Buch im Kapitel Herzmassage erklärt sind, oder man kann sie einfach als Gegensatzpaar Geist/Materie sehen. Ferner gibt es die vier Aufteilungen des Menschen:

1. Der grobstofflich-physische Körper
   Er nimmt die organischen Funktionen wahr. Er ist die irdische Form, das Vehikel für die höhere Energie, für unsere Seele.
2. Der Emotionalkörper
   Das Fühlen. Er reagiert gern übertrieben, da er bei den meisten Menschen noch sehr jung ist und weil wir ihn und seine Bedürfnisse oft übersehen und unterdrücken.
3. Der Mentalkörper
   Das Denken. Er ist oftmals sehr starr und kontrollierend und liebt gar nichts Neues.
4. Der spirituelle Körper
   In ihm finden unsere höheren Geistestätigkeiten statt. Wir fühlen uns heutzutage oft im Stich gelassen, fern von ihm, wohl hauptsächlich, weil wir ihm soviel Ehrfurcht entgegenbringen oder überhaupt gar nicht von seiner Existenz wissen, oder weil wir Angst haben, uns zu verlieren, wenn wir uns den anderen, höheren Dimensionen öffnen.

Emotional- und Mentalkörper stehen sich oft feindlich gegenüber, auf Kosten des physischen Körpers, der dabei das Nachsehen hat und krank wird. Der spirituelle Körper scheint sich herauszuhalten, weil wir noch zu wenig auf ihn achten. Körper eins bis vier gehen vom grobstofflichen Bereich immer mehr zum Feinstofflichen über, d.h. vom für die meisten Menschen Sichtbaren zum Unsichtbaren. Die Frequenz oder physikalisch meßbare Schwingung erhöht sich also laufend. Diese Körper bauen alle Menschen irgendwann in einem Leben auf, denn sie gehören zum voll entwickelten Menschen und bedeuten Gesundheit, Glück und Frieden sowie das Beherrschen höherer Fähigkeiten wie Hellsehen, Hellfühlen, Gedankenlesen, Levitation und Seelenreisen, Wunder, die einem erweiterten Bewußtseinszustand angehören.

Buddhismus: Buddha, aus dem edlen Geschlecht der Shakyamuni, lebte 500 Jahre vor Christus in Indien. Er lehrte den Weg, den der Mensch in Wirklichkeit zu gehen hat. Christus lebte das Ziel, auf das wir als Menschheit zugehen. Beide hatten zu ihrer Zeit Grundlegendes zu sagen, auf den Verständnisgrad der

Epoche bezogen. Sie gehören wie Brüder zusammen.
Gautama der Buddha gewann eine riesige Anhängerschaft und teilte sein Los mit Jesus von Nazareth wie mit allen Wahrheitsuchenden darin, daß seine Lehren mannigfach verändert wurden, bis die Essenz nahezu aus ihnen verschwunden war.
Der Buddhismus erkennt keinen Gott an. Vielleicht, weil er die übliche Abgabe der Macht an Autorität endlich rückgängig und darauf aufmerksam machen wollte, daß Gott noch nicht das Ende ist, daß es dahinter noch etwas gibt, den unendlichen pulsierenden Raum, die wässrige Ursubstanz, das Nichts, die Leere, aus der alles entsteht und in die alle Formen irgendwann zurückkehren.
Die buddhistische Praxis hat das Loslösen von allen äußeren Objekten zum Ziel. Dieses Ablösen von unseren tiefverwurzelten gefühlsmäßigen Bindungen und eine wertfreie Betrachtung erscheinen ungeheuer schwer. Hiermit ist keine Selbstbeherrschung gemeint, wie beispielsweise in der Askese. Sonst kommt es letzten Endes zur Neurose. Er ist ein Pfad auf des Messers Schneide also. Alles soll bewußt gemacht und dadurch gelöst werden. Ich reagiere nicht mehr mit Sym- oder Antipathie auf etwas, sondern nehme affektfrei wahr, wie etwas ist. Das verlangt Übung und Willenskraft.
Im Buddhismus geht es vor allem um Stilleübungen, Meditation. Diese Methoden sind mannigfach verfeinert worden und haben Eingang in alle modernen Therapieformen gefunden.
Doogen, ein berühmter Zenmeister, sagte: »Den Weg des Buddhismus erfahren, heißt, sich selbst erfahren. Heißt, sich vergessen, heißt, die Welt als reines Objekt erleben.«
Wie ist das zu bewerkstelligen? Die Antworten, die wir brauchen, um ganz zu werden, werden uns in der Stille zuteil, wenn wir durch Meditation mit der Zeit und Übung in einen erweiterten Bewußtseinszustand kommen.
Buddha selbst sagte dazu: »Ihr müßt aufhören, euch um die Dialektik meiner Worte zu kümmern, und statt dessen lernen, wie ihr in Zurückgezogenheit in eure eigene Seele blickt.«
Das kann aber niemand für den anderen, das muß jeder selbst tun. Jetzt versuchen das mehr Menschen als früher, denn es ist mehr Erkenntnis da. Die kollektive Energie erleichtert die Arbeit.

Chakren – Energiezentren im Körper; siehe im Kapitel Herzmassage.

Dramatisieren
Siehe unten beim Stichwort Selbstdramatisieren.

Drüsen sind aus einem besonderen Gewebe aufgebaute Organe, die bestimmte Stoffe absondern. Hier sind die endokrinen Drüsen, die Drüsen innerer Sekretion gemeint, im Gegensatz zu denen mit äußerer Sekretion, wie es z. B. die Schweißdrüsen sind.
Die endokrinen Drüsen, die bis jetzt z. T. noch wenig erforscht sind, bilden die Hormone, die ähnlich wie die Nerven zur Übermittlung von Informationen dienen. In diesem Punkt hängen sie auch mit den Chakren zusammen.

Do-in
Eine sehr alte Sammlung von östlichen Gesundheitslehren für Körper, Seele und Geist.
Siehe Kapitel Herzmassage.

Energie kommt von energeia (griechisch) = Tatkraft. Ist potentielle oder tatsächliche Bewegung oder Kraft. Sie stellt durch ein Bewußtsein postulierte Partikel im Raum dar.
Alles ist letzten Endes Energie. Das kann heute wissenschaftlich bewiesen werden.

Esalen-Schüttelmassage
Siehe im Kapitel über Anregungen für andere Formen der Massage.

Hinduismus ist eine der Hauptreligionen Indiens. Er geht auf die Veden zurück, hat aber auch eine ungemein große Zahl von anderen Einflüssen in sich aufgenommen. Der Glaube an Karma und Reinkarnation spielt eine große Rolle. Karma ist das in vielen Leben durch Irrtümer oder mutwillig böse Handlungen angesammelte Schuldkonto, das es in immer neuen Verkörperungen (Re-inkarnationen), die der Seele Gelegenheit zu Erfahrung und Entwicklung auf Erden geben, zu tilgen gilt bzw. durch weises Leben in Dharma (sozusagen die Habenseite dieses Schuldkontos) umgewandelt werden soll. Wir können das Schuldenkonto auch durch gute Taten, die wir ja auch tun, abtragen. Der Vorgang findet solange statt, bis alle Weisheit errungen ist und keine Fehler mehr begangen werden. Eine solche Seele ist erleuchtet. Sie braucht nicht mehr zur Erde zurückzukehren. Und so steigt die Seele von Ebene zu Ebene immer höher in der Energie, bis sie schließlich wieder mit Gott, dem Höchsten, verschmilzt. Die Bibel vertritt in ihrer Urfassung und auch noch in den griechischen ersten Übersetzungen dieselbe Ansicht. Die Veden sind die älteste uns bekannte Sammlung heiliger Bücher.

Intuition ist ein Geistesblitz oder ein mittelbares sicheres Wissen von Wesenszusammenhängen, eine ganzheitliche Schau. Sie tritt als ständiger Geisteszustand in den höheren Stadien der Meditation ein.

Kalligraphie ist die Schönschreibkunst Japans, die in verschiedenen Schwierigkeitsstufen mit dem Pinsel und schwarzer Tusche ausgeführt wird. Dem Lehrer ist es vorbehalten, dem Schüler in marsroter Tusche vorzuschreiben. Der Inhalt der Kalligraphie ist oft philosophischer Art und soll zur Meditation anregen.
Das Pinselschreiben war wie das Haikudichten, Schwertkampf, Bogenschießen und Blumenstecken Bestandteil der Samuraiausbildung, die die Menschen zu hoher geistiger und körperlicher Entfaltung bringen sollte. All diese Künste sind im höchsten Grade Meditationen und werden auch heute in Japan, und nicht nur dort, geübt.

Konfrontieren ist ein Ausdruck der Scientology und meint die Fähigkeit, ohne körperliche und geistige Anspannungen einfach dazusein und wahrzunehmen, was ist. Es ist im Buddhismus Beobachtersein, Zeugesein, z. B. auch das Sich-Erinnern Gurdjews.
Es bedeutet, allem ins Auge zu sehen, auch unbequemen und – eingebildeten oder wirklichen – schrecklichen Dingen, ohne Ausweichen. Es ist kein Tun, sondern eine Fähigkeit, die moderne Menschen häufig nicht haben. Sie kann durch Meditation entwickelt werden.

Kommunikation ist die Verständigung zwischen Menschen (Sender/Empfänger) oder anderen Informationssystemen.
Die Informationen werden mittels eines Kanals, eines Mediums, übermittelt. Bei Sender und Empfänger sowie im Kanal können zahlreiche Störungen auftreten. Die menschliche Kommunikation ist vorerst noch ein schwieriges Kapitel.

Kreuzbein: Knochen am unteren Ende der Wirbelsäule. Besteht aus 5 verwachsenen Wirbeln.

Meditation ist ein betrachtendes Nachdenken, ein Sich-Ver-

tiefen in philosophische oder mystische Schauungen, wobei das Denken nach längerer Übung aufhört und die höheren Energien Eingang gewinnen (Erleuchtung). Dieser Prozeß wird als eigentliches Ziel des Menschseins angesehen. Er findet mehr unbewußt über die Jahrtausende statt, kann jedoch bewußt, beispielsweise durch Meditation, beschleunigt werden.
Auf dem Weg findet eine Läuterung statt, die über viele Stufen der Kreativität, oftmals auch des Krankseins, geht. Siehe auch unter: Sich-Erweitern im Kapitel Inneres Einstimmen.

Meridian: Der Meridian ist Bestandteil eines Systems von Energiebahnen im Körper.

Metamorphisch heißt: die Gestalt, den Zustand wandelnd.

Physiologie ist die Lehre von den Lebensvorgängen in Lebewesen.

Past-life heißt: früheres Leben, nach Berichten aus alter Zeit und der Gegenwart, wonach Menschen sich selbst während tiefer Meditation in anderen Lebensumständen erfuhren, an die sie sich im Normalbewußtsein nicht erinnern können. Meist sind es Erinnerungen an Vergangenheiten; seltener handelt es sich um Zukunftsbilder.
Vielleicht laufen alle diese »Leben« gleichzeitig ab und sind Teile unserer vielschichtigen Persönlichkeit. Priorität hat jeweils der Teil, auf den wir unsere Aufmerksamkeit richten, im Negativen wie im Positiven. Es gibt anscheinend viele Tausende solcher Leben oder Teile.
Hat es eigentlich einen vernünftigen Zweck, all diese vielen Leben zu kennen, zu erinnern?! Sind sie, ihre Ergebnisse, Merkmale, Fehler nicht in unserem heutigen Geist und Körperbewußtsein festgehalten? Es scheint mir, daß dem so ist. Aber sind wir nicht in der Gegenwart der erfahrenste Teil unserer selbst? Man kann sich in der Vergangenheit, in past-lifes verlieren und darüber die Herausforderung, das Lernziel und auch die Freude der Gegenwart verpassen. Es gilt vielmehr, sich und anderen alle Fehler zu verzeihen und im Jetzt und Heute zu sein! Es ist immer nur in diesem Leben, im Jetzt, in dem das Denken bezwungen werden kann, in dem man sich selbst bis zur tiefsten Wahrheit finden kann.

Prana ist die geistige Substanz, die im Atem enthalten ist. Prana ist Lebenssubstanz. Ohne Atem können wir nicht leben: »Gott

blies Adam seinen Odem ein.« So wurde die tote Materie belebt. Atem ist durch die Sonne, durch Licht belebte, beleuchtete, erleuchtete Substanz, Energie. Wir leben davon.
Je durchlässiger, sauberer Körper und Geist sind, desto weniger materielle Nahrung ist nötig. Es gibt bereits Menschen, die von Sonnen- und Sternenlicht zu leben vermögen. Dies wird die Zukunft aller Menschen sein.

Pränatal: Pränatal heißt: vor der Geburt eintretend.

Reflexzonen
Siehe Fußreflexzonenmassage.

Restimulation: Hier in der Bedeutung: Wenn die Wahrnehmungseindrücke der gegenwärtigen Umwelt denen traumatischer Erlebnisse in der Vergangenheit oder in früheren Leben annähernd gleichkommen oder sogar von ihnen übertroffen werden.
Diese Traumata werden wiederbelebt, weil sie unbewußt und unverarbeitet sind. Sie wirken dann gegen den Körper und die Einheit der Person.
Daß Traumata wiedererlebt werden, kommt in milden und mittleren Formen beim momentanen durchschnittlichen Bewußtseinsstand der Menschheit täglich vor, da weite Teile unseres Bewußtseins eben noch unbewußt sind (80–90%). Restimulation kommt unter unglücklichen Umständen, bei seelischer Belastung, bestimmten Verkettungen von »Zufällen« oder wenn jemand sich selbst erkennen möchte und dabei in gefährliche, weil unbekannte seelische Strömungen gerät, z.B. durch fehlerhafte Meditation, bei ungenügender Anleitung in Therapien oder gar bei leichtfertigem Spielen mit den Kräften des Geistes und wann immer sich jemand ohne Erfahrung oder erfahrenen Begleiter öffnet vor und kann zu ernsten körperlichen und seelischen Erkrankungen führen. Dabei handelt es sich um einen Kampf, den jeder Mensch, der nach Erkenntnis und nach Selbstbestimmung strebt, bestehen muß. Die Torhüter an der Pforte zu einem höheren Bewußtsein lassen nur diejenigen passieren, die verstanden haben und daher reif sind für die nächste Stufe, für das Feld hinter der Pforte. Bei allem Forschen ist hier Vorsicht geboten, indem man auf die leise Stimme der eigenen Intuition hört.
Selbstbestimmung ist die Fähigkeit, Energie und Materie in Zeit und Raum zu plazieren oder zu erschaffen. Auch die Fähigkeit,

Zeit und Raum zu erschaffen, um darin Materie und Energie zu erschaffen und zu plazieren. Mit anderen Worten: wenn der Mensch sich von allen Begrenzungen befreit hat, um seine vollen schöpferischen Fähigkeiten zu verwirklichen. Damit folgt die Menschheit dem Beispiel der Erleuchteten und ist göttlich geworden, d. h. unabhängig von allen äußeren Umständen wie Körper, Nahrung, Wohnung, Arbeit usw. Sie ist sozusagen selbstversorgend geworden.

Selbst-Dramatisieren: Beim Selbst-Dramatisieren denkt und handelt man auf eine Art, die durch Bedeutungen bestimmt wird, die in einem nicht der willensmäßigen Kontrolle des Menschen stehenden Teil des Verstandes gespeichert sind.

Dieser Teil übt Macht über das Bewußtsein eines Menschen, seine Ziele, Gedanken, seinen Körper und seine Handlungen aus. Die gespeicherten Bedeutungen stammen aus traumatischen Situationen, deren »zufällige« Begleiterscheinungen durch diesen archaischen Teil des Verstandes unangemessen mit den objektiven Tatsachen verquickt wurden. Dadurch entstehen unsinnige Reaktions- und Denkmechanismen, entsteht Maja, der Vorhang der Illusionen, der unsere sogenannte Realität entstehen läßt und uns von der wahren Wirklichkeit trennt. Es ist ein »Fehler« in der Schöpfung passiert, an dem wir selbst mitwirkten. Das macht es nun so schwierig, die brachliegenden achtzig Prozent unseres Gehirns zu aktivieren.

Selbst-Dramatisierung ist Handeln wie eine Maschine, Marionette innerhalb einer erstarrten Rolle in einer Reihe unvernünftiger Handlungen. Der überwiegende Teil der Menschen befindet sich in diesem Zustand der Unbewußtheit. Durch Meditation, d. h. durch Verbindung mit dem Höheren Bewußtsein, ist Erlösung möglich. Hierbei können einige moderne Methoden zur Selbsterfahrung Hilfestellung geben, und es werden in der Zukunft heute noch unvorstellbare Möglichkeiten auf uns zukommen.

Sich-Erweitern: Die Fähigkeit, ständig im Hier und Jetzt und Heute, in der Gegenwart zu sein. Die Fähigkeit, gleichzeitig sich selbst und die Situation wahrzunehmen, also der Beobachter und Zeuge seiner selbst zu sein, in der eigenen Mitte zu ruhen und nicht in Übereinstimmung mit anderen Situationen zu gehen. Eine solche Haltung schließt die negative Tätigkeit

des stets vergleichend beurteilenden Verstandes aus, Urteilen und Werten hört auf. Wir sind dann offen für das Hereinkommen des höheren Verstandes, das jederzeit stattfinden kann, wenn der Kosmos, der ständiges Pulsieren ist, sich in einer bestimmten Konstellation befindet. Auf diese Weise halten wir uns bereit, damit dabei dann der größere untätige Rest unseres Bewußtseins aktiviert werden kann.
Siehe auch im Kapitel über Inneres Einstimmen und unter den Stichworten Restimulation, Pastlife, Meditation.

Solarplexus Magenchakra, das Chakra der Mitte, eines unserer sieben Energiezentren.
Siehe auch im Kapitel über Herzmassage.

Stimulation: Stimulation heißt Anregung.
Siehe auch unter dem Stichwort Re-Stimulation.

Synchronizität heißt Gleichzeitigkeit und bedeutet hier erstens gleichzeitig in den verschiedenen Dimensionen des Bewußtseins zu sein (»Gotteserlebnis«), wobei man sich im Zustand des Sich-Erweiterns befinden muß, Voraussetzung für jede Meditation, jede menschliche Unternehmung, und zweitens, sich des inneren und äußeren Raumes bewußt zu sein (Zeuge sein, Beobachter).

Tai-Chi ist Meditation in Bewegung. Es gibt festgelegte Abläufe, die an Tanz erinnern und eingeübt werden. Dadurch wird das Chi, die uns allen innewohnende Lebenskraft, zum Fließen gebracht: Yin und Yang gleichen sich aus, es entsteht eine höhere Wahrnehmung und damit Harmonie und Freiheit.

Tantra: Tantras sind zauberhafte Riten der indischen Religion, die den Menschen mit dem Urgrund der Welt verbinden sollen. Durch bestimmte Übungen sollen verschiedene elektromagnetische Teile in uns in harmonische Einheit gebracht werden. Yin und Yang in uns sollen ausgeglichen werden. Für Frauen bedeutet dies, ihren inneren Mann zu finden, für Männer ihre innere Frau. Gewöhnlich suchen wir diese notwendige Ergänzung zum Eins-Sein im Außen und wollen unbewußt durch unsere Partner leben. Wir müssen aber den anderen Teil in uns selbst suchen, wir sollten nicht versuchen, ihn durch unseren Partner zu leben, denn im Grunde kann er unsere Erwartungen nicht erfüllen.

Im Tantra gibt es die eine Richtung, die durch Meditationsübungen zur Einheit, zur Erkenntnis unserer selbst bringen will. Diese Auffassung ist Bestandteil des Buddhismus und des Taoismus. Ferner gibt es solche Richtungen, die sich verselbständigt haben und diese Einheit durch Paarübungen erreichen wollen. Das Verschmelzen des Weiblichen und Männlichen findet überall, auch im täglichen Leben, dort statt, wo echte Liebe, gegenseitige Achtung und der Wille, Schwierigkeiten gemeinsam zu lösen und dadurch zu wachsen, zum bloßen Sex hinzukommen. Die geschlechtliche Art von Tantra kann entarten bis hin zu magischen Sexualpraktiken.

Taoismus: Weg zum Urgrund des Seins, zur inneren Einheit, durch mystische Versenkung, eine von dem altchinesischen Philosophen Laotse gegründete Lehre. Es gibt einen philosophischen und einen religiösen Taoismus. Ein buddhistischer Mönch sagt darüber:
»Zur Quelle einkehren, das ist Stille.«
Es wird gesagt, der Taoismus öffne den Weg zu den Kampf- und Heilkünsten.

Trauma: Unerwartete und ungewollte Gewalteinwirkung auf Körper und Seele führt durch falsche Zuordnung über einen »veralteten Teil« unseres Verstandes zu Blockaden, zu Krankheiten im Körper und zu einem Fehlverhalten im Leben durch verdrehte Denkmuster.
Siehe auch unter den Stichworten Restimulation, Sich-Erweitern, Past-Life, Meditation.

Transformation heißt Umwandlung. Hier ist der Prozeß der ständigen geistigen Entfaltung des Menschen gemeint, der zur Erleuchtung und darüber hinaus führen kann.

Visualisieren ist seit alters her Bestandteil intensiver Meditationspraxis. Durch die Vorstellung von Licht, Tönen und bestimmten Bildern, die entspannen, wird auf Körper, Seele und Geist Einfluß genommen. Visualisieren ist heute Bestandteil mancher Therapie.

Yin-Yang
Siehe im Kapitel über Herzmassage.

Yoga-Asanas sind bestimmte Sitzhaltungen beim Yoga. Yoga ist ein System zur Befreiung des menschlichen Geistes, das im alten Indien geübt wurde. Es fand dann auch in anderen Systemen Verwendung (z. B. im Buddhis-

mus) und ist heute auch in Europa weit verbreitet.
Meditation und oft auch Askese sind die Grundlagen, die zum höchsten Zustand (Samadhi, Dhyana) führen sollen, in dem der Mensch mit seiner Seele, mit seinen höheren Kräften vereint ist und somit unabhängig von Begierden, Wünschen, Affekten und Schwächen des Körpers wird.

Zazen: Begründer des Zazen ist Bodhidharma, der angehende 500 Jahre nach Christus, 1000 Jahre nach Buddha, von Indien nach China kam und eine Meditationsschule errichtete. Der Zazen besitzt Elemente von Buddhismus und Taoismus.
Zen kommt von Hindi »dhyana« und bedeutet Meditation, Einssein mit Gott. Es ist ein Weg, über Logik hinaus zur vollen Potenz unseres Bewußtseins zu kommen. Zum Zen gehören auch die Teezeremonie, Bogenschießen, japanisches Fechten, Judo, Karate, Pinselschreiben und Ikebana-Blumenstecken.
Zazen bedeutet Sitzmeditation im Lotussitz, der auf Buddha zurückgeht. Es kommt auf Körperhaltung, innere Haltung und Atmung an. Als Hilfsmittel kann man sich auf ein Koan konzentrieren, das ein Paradoxon enthält, auf das es logisch keine Antwort gibt, damit über den Verstand hinausgegangen werden kann. Zen wird mit einem stimmhaften s gesprochen und ist heute vorwiegend in Japan zu Hause. Auch bei uns wird es zunehmend beliebter.

Literaturverzeichnis

Jerry Gillies: Tanszendenter Sex. Paul Zsolnay Verlag. Wien 1978.

Hermann E. Helmrich: Die Bindegewebsmassage. Bd. 1 Haug Verlag. 4. Auflage. Heidelberg 1985.

Michio Kuchi: Do-in. Bruno Martin Verlag. Südergellersen 1979.

Roberta De Long Miller: Psychische Massage. Bruno Martin Verlag. Südergellersen 1975.

Psycho- und Gesundheitsführer. Wendel/Meyer Eigenverlag. München 1984/85.

Sophie Rodelli: Händeübungen als Heilgymnastik. Drei Eichen Verlag. München 1961.

Gaston Saint-Pierre und *Debbie Boater:* Die metamorphische Methode. Plejaden Verlagsgesellschaft. Berlin 1982.

Weiterführende Literatur

Die Angaben sind für diejenigen gedacht, die das Abenteuer des Berührens gepackt hat und gefangenhält. Die Angaben sind eingeteilt in:

I. Fachliches zum Thema Massage und Körper

II. Philosophisch-Spirituelles

I. Fachliteratur

Connection. Sonderband 3: Massage – Heilen durch Berühren.

Ken Dychtwald: Körperbewußtsein. Synthesis Verlag. Essen 1981.

Richard Gordon: Deine heilenden Hände. (Polarity-Massage) Hugendubel Verlag. München 1984.

Patricia Joudry: Gesundheit aus dem Walkman. Therapie mit heilenden Klängen. (Klangtherapie, Ohrmassage) Bruno Martin Verlag. 3. Auflage. Südergellersen 1988.

Ron Kurtz: Körperorientierte Psychotherapie. Synthesis Verlag. Essen 1988.

Hanne Marquardt: Reflexzonenarbeit am Fuß. Haug Verlag. Heidelberg 1989.

Lea Sanders: Die Farben deiner Aura. Goldmann Verlag. München 1989.

Amy Wallace/Bill Henkin: Anleitung zum geistigen Heilen. Synthesis Verlag. Essen 1982.

II. Philosophisch-spirituelle Literatur

Paul Brunton: Augenblicke der Wahrheit. Scherz Verlag. München 1987.

Ken Carey: Vision. Christa Falk Verlag. Planegg 1989.

–: Sternenbotschaft. Christa Falk Verlag. Planegg 1989.

–: Rückkehr der Vogelstämme. Christa Falk Verlag. Planegg 1989.

White Eagle: Das große Astrologiebuch. Aquamarin Verlag. Grafing 1989.

–: Geistige Jahreszeiten. Aquamarin Verlag. Grafing 1989.

Sanaya Roman: Sich dem Leben öffnen. Ansata Verlag. Interlaken 1987.

–: Sich den höheren Energien öffnen. Ansata Verlag. Interlaken 1989.

Satprem: Der Mensch hinter dem Menschen. Goldmann Verlag. München 1981.

Baird Spalding: Leben und Lehren der Meister im Fernen Osten. Bände I–III: Der Bericht eines Eingeweihten über das Wunderwirken des Avatars. Band IV: Indische Reisebriefe. Band V: Menschen, die mit den Meistern gingen. Verlag Drei Eichen. München 1985.

Ken Wilber: Das Spektrum des Bewußtseins. Scherz Verlag. München 1987.

MASSAGE und METAMORPHOSE bei PLEJADEN

Plejaden Verlag, Bahnhofstraße 15, 2127 Boltersen

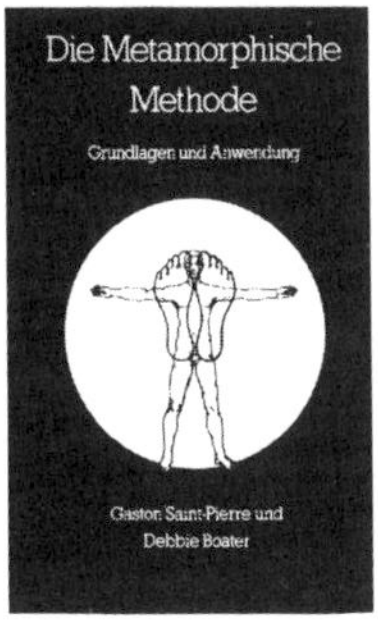

Als Weiterentwicklung der Fußreflexzonen-Massage geht die Metamorphische Methode davon aus, daß sich die Energie-Muster unseres Lebens während der praenatalen Phase (ver-)festigen. Durch Behandlung des Reflexbereiches der Wirbelsäule an Füßen, Händen und Kopf nehmen wir direkt Einfluß auf diese vorgeburtlichen Prägungen und ermöglichen innere und äußere Wandlung in Richtung auf unser ursprüngliches, ganzheitliches Wesen.

Gaston Saint-Pierre & Debbie Boater

Die Metamorphische Methode

128 Seiten, 13 Abb., kartoniert, 19,80 DM

Das Do-In ist eine uralte ostasiatische Wissenschaft und Praxis der Regenerationstherapie. Die über hundert Atem-, Körper- und Meditationsübungen ermöglichen es dem Menschen, die Funktionen von Körper, Geist und Seele zu harmonisieren.
Die verborgene Macht des Do-In besteht darin, den Menschen in Einklang mit der Bewegung des Universums zu bringen und ihn auf das Unendliche einzustimmen.

DO-IN 2 - Die Kunst der Verjüngung durch Selbstmassage und Atemübungen   156 S., zahlr. Abb. & Fotos, 24,80 DM

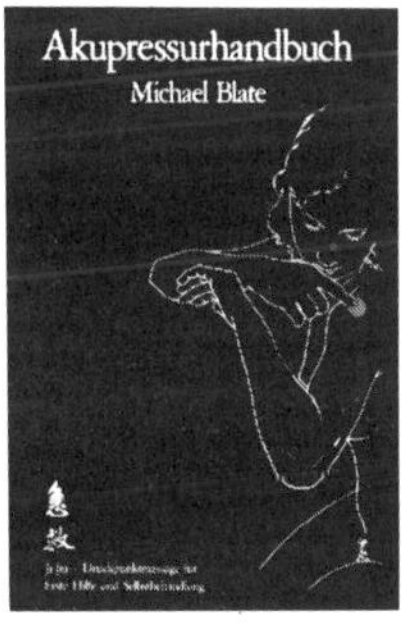

Akupressur ist eine unschädliche Selbsthilfetechnik, bei der winzige Druckpunkte mit Hilfe der Fingerspitzen angeregt werden. Sie kann helfen, Schmerzen zu lindern oder die verschiedensten symptomatischen Beschwerden, wie Kopfschmerzen, Verspannungen, Angstzustände, Atemnot, Ruhelosigkeit etc. zu heilen.
Das Akupressurhandbuch bietet eine wirksame Selbsthilfe ohne Medikamente.

Michael Blate

Akupressurhandbuch

224 Seiten, zahlreiche Abb., 26,00 DM

Bitte fordern Sie unseren Gesamtprospekt an.

GOLDMANN

Sexualität und Persönlichkeitserfahrung

Hermann Meyer
Die neue Sinnlichkeit
10375

Kamala Devi
Tantra Sex
10743

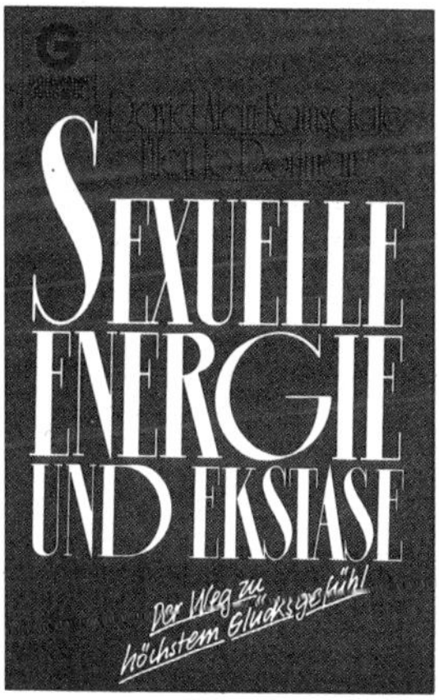

D. Alan Ramsdale, E. Jo Dorfman
Sexuelle Energie und Ekstase
10368

Dr. Russ A. Rueger
The Joy of Touch
10916